RESEARCH ON FOREIGN LANGUAGE TEACHING
IN UNIVERSITIES BASED
ON INFORMATION TECHNOLOGY

U0516167

基于信息技术的高校外语教学研究

关茗竺 金秀婷◎著

经济管理出版社
ECONOMY & MANAGEMENT PUBLISHING HOUSE

图书在版编目（CIP）数据

基于信息技术的高校外语教学研究／关茗竺，金秀婷著 . -- 北京 ： 经济管理出版社，2024. -- ISBN 978 -7-5243-0095-3

Ⅰ . H09

中国国家版本馆 CIP 数据核字第 2024UOT271 号

组稿编辑：张馨予
责任编辑：张馨予
责任印制：许　艳
责任校对：蔡晓臻

出版发行：经济管理出版社
　　　　　（北京市海淀区北蜂窝 8 号中雅大厦 A 座 11 层　　100038）
网　　址：www.E-mp.com.cn
电　　话：(010) 51915602
印　　刷：唐山玺诚印务有限公司
经　　销：新华书店
开　　本：720mm×1000mm/16
印　　张：12
字　　数：164 千字
版　　次：2025 年 3 月第 1 版　　2025 年 3 月第 1 次印刷
书　　号：ISBN 978-7-5243-0095-3
定　　价：98.00 元

前　言

信息技术是现代社会繁荣发展的重要推动力，在社会各领域的变革中发挥着重要作用，同时也影响着教育领域，使教育"走"上了信息化道路。信息技术的优势主要体现为，它能促进信息的快速传播与批量获取，这与教育行为的本质不谋而合。因此，外语教学也要与信息技术相融合。信息技术与外语教学的融合表现为，外语教师在外语课堂上利用信息技术传递外语教学内容，高效达成外语教学目标，提升学生获取、分析、加工与利用外语资源的能力。

当前，外语教学取得了一些成绩，但依然存在不少问题，其中比较突出的是外语教学方法创新不足。外语课堂上，教师习惯性地沿用传统灌输式教学方法，自己在讲台上讲，学生在下面听。当然，这样的教学方法在过去的确促进了外语教学的发展，也让学生掌握了不少外语知识。但是，时代在进步，教育理念与方法在更新，倘若外语教师一味地沿用传统教学方法，那么，外语教学的质量就无法得到保证。信息技术融入外语教学是当前突破外语教学发展困境的"良药"，借助信息技术，外语教师能从互联网上获取大量优质的外语教学资源。更为重要的是，在传统外语课堂上，外语教师与学生的互动不多，这让他们很难把握学生的学习需求与学习进度。但如果外语教师利用翻转课堂、慕课等信息时代涌现出来的教学方法开展外语教学，就能加强与学生的互动，从而时刻了解学生的学习诉求，为其提供有针对性的教学内容与学习指导。显然，这种教学方法既能促进外语教学质量的提高，也能促进学生自主学习能力的提高。

国家对于教育信息化发展十分支持，颁布了一些相关政策，制定了一些相关规划，这些政策与规划都能为信息技术在外语教学中的应用提供指导。因此，高校应该积极转变传统教育理念，与教育发展大势相契合，引入信息技术。具体来说，应该鼓励外语教师在平时多学习信息技术理论知识，多掌握各种以信息技术为支撑的教学模式。同时，还应该加大资金投入，升级外语教学设备，从而不断提升外语教学的信息化水平。

基于信息技术与高校外语教学融合的现实意义，笔者在分析教育发展大环境，总结前人优秀研究成果、自身丰富教学经验的基础上，探究了基于信息技术的高校外语教学问题。本书共分为六章，第一章论述了高校外语教学的基础知识，主要包括高校外语教学的内涵、理论、理念与原则，分析了高校外语教学中教师与学生的角色，总结了高校外语教学的评价策略。第二章与第三章探讨了信息技术与高校外语教学的融合问题，阐释了信息技术与外语课程整合理论，阐述了信息技术在高校外语教学各环节中的应用情况，并结合不同的信息技术构建了基于信息技术的高校外语教学实践体系。第四章到第六章探讨了不同的教学方法在高校外语教学中的应用问题，这些教学方法主要包括翻转课堂、慕课与混合式教学。

本书结构分明，逻辑清晰，既有对信息技术与高校外语教学融合理论的阐释，又有对信息技术在高校外语教学中应用问题的探讨，因而可进一步丰富高校外语教学理论研究，也能为高校外语教学改革提供参考。不过，由于时间仓促以及笔者水平有限，书中可能存在不当之处，恳请各位读者批评指正。

目　录

第一章　高校外语教学概述

随着全球经济一体化的发展，国际进出口贸易获得了繁荣发展。但是，作为人才培养摇篮的高校，在高校外语人才培养方面还存在许多问题。因此，高校外语教学还有很长的路要走。本章介绍了高校外语教学基础知识。

第一节　高校外语教学内涵解读

一、高校外语教学的内涵表现

高校外语教学是在高校内开展的、教师与学生双向互动的双边统一教育活动及其过程。高校外语教学与普通教学是特殊与一般的关系，高校教师通过教学引导学生学习外语，其内涵主要体现在以下三点。

（一）高校外语教学具有目的性

高校外语教学是有目的的活动。外语教学的不同阶段有着不同的目标，而教学目标又分为不同领域的目标。

（二）高校外语教学具有计划性、系统性

高校外语教学具有计划性，主要体现在教师传授学生外语知识的过程中，教师在教学之前会对外语的读音、词汇、语法、阅读、写作等具体知识的讲解做好规划；高校外语教学具有系统性，受多部门管辖，教学目标与大纲的设置由专门的部门负责。

（三）高校外语教学具有合理性

高校外语教学要采取合理的教学方法和教育技术。在信息技术飞速发展以前，高校外语教学已经积累了多种教学方法与教育技术，而信息技术的进步以及互联网的发展促成了多种有效教学方法的完善，推进了教育技术合理化的进程。

所以，高校外语教学的内涵可以概括为：教师通过开展系统的、有计划的教学活动，按照一定的目标与计划，借助必要的工具与手段教授给学生正确的外语基础知识，并在其他方面引导学生，使其健康、全面发展。

二、高校外语教学的分类

各个高校根据不同的培养目的设置了不同的外语课程类型，大体可以分为专业课、第二外语、公共课、通识选修课。学生可以根据自己的需求来选择，不同的课程类型虽都是语言类教学，但在教学内容、教学手段和教学效果上存在着很大的差异。

（一）专业课

专业课指高校根据培养目标所开设的教授专业知识和专门技能的课程。专业课的任务是使学生掌握必要的专业基本理论、专业知识和专业技能，了

解本专业的前沿科学技术和发展趋势，培养分析、解决本专业范围内一般实际问题的能力。

外语类专业课主要有以下三个特点：

（1）外语类专业课具有人文性。外语类相关书籍中不仅有专业的外文知识，还有文化知识，这些知识能帮助学生了解、使用所学语言的国家的文化。通过学习外语类专业知识，不仅学生的语言能力会有所进步，其人文素质也能提高。

（2）外语类专业课具有直观性。在学习外语的过程中，学生很多时候会选择听语音、看电影等比较直观的方式，再加上课下的口语训练，一般来说，通过这些直观方式其外语能力可在短时间内明显提高。

（3）外语类专业课具有实用性。外语类专业课对于学生日常的生活、学习、工作有非常现实的意义。现今学生的生活越来越离不开外语，越来越需要进行外语专业的学习。

（二）第二外语

第二外语课程是适用于外语专业学生的一门必修课程，以培养多语种人才为目标。学习年限一般为1~2年，常见语种有英语、法语、日语等，近年来，因社会需要，新增加了更多语种。本课程要求学生掌握第二外语的基础知识，如语音拼读和语调、文字与词汇的构成与应用、语法与惯用句型的构成与应用等基本知识。同时，掌握相当数量的基础词汇，识记和掌握基础语法规则及句型的应用，具备一定的阅读理解能力、简单会话能力及翻译简单句子和短文的综合应用能力，其相对于专业课的要求较低。随着社会的飞速发展，对人才的要求越来越高，更加需要具备多种语言能力的人才。学习第二外语，目的是使学生多具备一项外语技能，初步达到能够听出简单日常用语的水平，能对其语言国家的风俗文化有所了解，并将这些知识用于实践。

在第二外语的教学过程中，与专业课教学不同的是，教师的引导更为重要，既要提升学生的学习兴趣又要松紧有度，以达到使学生有效掌握第二外语的教学目的，真正学以致用。

（三）公共课

外语公共课以英语为主，英语作为最基础的外语学科，是未来全能型、应用型人才应该具备的基本语言技能。公共课授课对象范围较广，在高校教育中，大学英语是针对全校非英语专业的学生开设的外语课程，一般以精读为主，培养学生掌握英语学科的基本知识的能力，学生在初高中英语知识的基础上，通过大学英语课程对英语知识进行扩展学习，并培养在学习中的创新能力，增加词汇量的同时具备更高级别的阅读和会话能力。通过大学英语的学习，学生应全面掌握听、说、读、写、译等各方面技能，下达到英语4级水平。

教师在课堂上一般采用较为传统的教学方式，以课堂讲授为主，辅以其他参考资料，结合 PPT、板书引导学生学习。对于有更高要求的学生，可给予特殊指导，充分利用网络教学辅助平台，为其提供更多的课外学习资料、习题及练习，拓展学生的学习空间，加强与学生的沟通交流，满足学生的学习需求。

（四）通识选修课

通识选修课是以选修的方式完成专业教育之外的基础教育课程。① 通识选修课的教学目标是拓宽学生视野，提高学生认知能力，塑造学生的人文精

---

① 巴晓岩 . 高校通识选修课如何实现价值定位 [J]. 现代交际，2019（24）：116–117.

神，全面提升学生素质。同时，通识选修课还有其自身的特点，比如，更加个性化、边缘化；其内容不够系统，但更加灵活、动态。

通识选修课一般分为两种课程：课堂学习课程、网络课程。[①] 通识教育课程一般是指除专业教育之外的基础教育课程，是实现通识教育理念和目标的关键渠道，也能够满足大学生个人发展的需要。为了满足学生的个人兴趣、爱好，高校会开设各种语言类的通识课程，外语类通识选修课大多为小语种课程，与英语不同的是小语种的语言特色更为鲜明，国家文化元素更加多样，往往使学生充满了好奇心和兴趣，并且在学习的时间和方式上更为自由，一般授课内容较为生动且轻松，与专业课和公共课相比，课时量更少，学习任务不重，以互动学习为主，基础知识一般比较容易掌握，学习过程也较为愉悦，是最受语言爱好者欢迎的授课形式。通识选修课更能适应个体差异，更有助于因材施教，发挥学生专长，扩大学生知识面，提升学生的技能。

三、高校外语教学的目标

随着社会语言学、语用学和话语分析等语言学分支学科的发展，语言学家和教育学家认识到语言符号系统同社会语境的密切关系，认识到外语教学的最终目的不是获取僵化的语言知识，而是培养综合语言能力。遗憾的是，目前国内的外语教学仍然摆脱不了传统外语教学重语言形式、轻语言使用的教学现状，培养出来的学生往往仅能应付各种各样的笔试，却无法从容、恰当、有效地用外语进行交流。

高校外语教学的任务是培养外语复合型人才，因此，高校外语教学的目标是提高学生的综合语言能力。综合语言能力由八个元素构成，分别是语言

---

① 曲兰兰.新时代下的高校外语教学革新[J].智库时代，2021（40）：131–133.

知识、语言技能、专业知识、认知策略、交际策略、情感态度、文化意识和人文素养。其中语言知识、语言技能、专业知识是语言应用能力的基础，认知策略、交际策略、情感态度、文化意识和人文素养是语言运用得体的保障。

第二节 开展高校外语教学的理论支撑

一、图式理论

（一）图式理论概述

图式理论是皮亚杰（J. Piaget）提出的。皮亚杰吸收了生物学的观点，强调儿童认知过程是先天与后天共同作用的结果，个体能对刺激做出反应在于其具有应对这种刺激的思维或行为图式，图式使个体能对客体的信息进行整理、归纳，使信息秩序化和条理化，从而达到对信息的理解。个体的认识水平完全取决于认知图式。图式是皮亚杰理论的核心概念，指动作的结构或组织，拥有遗传性与后天滋养而发展完善的双重特质，如知识图式，既先天存在，又不断被发展和丰富。人的认识的发展不仅表现在知识的增长上，更表现在认知结构的完善和发展上。图式的发展水平是人的认识发展水平的重要标志，既是认识发展的产物，又是认识发展的基础和条件。

（二）图式理论对外语教学的启示

首先，储存在学习者大脑内的图式越多，学习就越容易。就外语学习而言，图式就是学习者已经拥有的外语知识、话题知识以及其他综合性知识的集成，这些知识一方面像乔姆斯基（N. Chomsky）的"普遍语法"①一样先天存在，另一方面来自学习者后天的不断积累。个人拥有的图式越多，同化的知识范围就越广泛，新旧知识的内在联系就越密切，学生学会新知识的可能性也就越大；反之，同化的范围越狭窄，新知识的认知就越困难。

其次，教师的首要职责就是激活学生已有的图式，比如，复习、预习等常见的教学方法都是激活学生已有且处于"休眠"状态的图式，复习的方法设计得越学生化，图式被激活的可能性越大，另外学生的情感准备状态也可以被视为图式，教学任务越能唤起学生的兴趣、注意力，学生学习新知识的动机就越强。同化是个体把环境成分、新的外界刺激纳入、整合到自己原有图式中的过程。所以教师呈现新知识一定要围绕学生的已有图式，新的知识图式越靠近原有图式，图式融入、整合的概率越大，同化、学习的效果越好。

最后，当学生遇到不能用原有图式同化的新刺激时，便会对原有的图式加以修改或重建，改变现有的认知图式，形成新的图式，引起认知结构的不断发展变化。

结合皮亚杰的图式理论，外语课堂教学中有三个问题需要注意：

一是原有图式不足。如果学生对新的话题知识储备不足，教师要通过人物、事迹的介绍等方式补充背景知识图式，学生已有图式与教师输入的新的图式同化、融合得越好，学习就越有效，而两种图式同化的效果取决于教师输入背景图式的方法是否贴近学生已有的认知图式和经验图式。认知图式主要指学习的方法与策略是否符合学生的年龄特点和认知方式，经验图式主要指输入的新的背景信息能否激活学生的生活经验和认知体验，引起情感共鸣。因此，在外语课堂教学中教学行为是否有效，很大程度上取决于教师对

---

① 李培东. 外语教学原理与实践研究 [M]. 银川：宁夏人民出版社，2019：29.

学生学情的全面了解、正确评估和科学预测。

二是当学生原有图式有误时，教师要及时用新的图式促使学生修正原有图式，重建正确图式；否则，会产生学习效率低下、学习水平停滞等不良后果。

三是输入新的知识图式的方式要贴近学生的生理、心理特征及学习实际，并充分借助信息技术手段，用学生喜欢的方式，图文并茂地呈现，帮助学生改变认知结构，生成新的、更大的图式，扩大图式同化与被同化的范围，促进图式内部平衡发展。

二、建构主义理论

（一）认识建构主义理论概述

建构主义学习理论认为：①学习是一个积极主动的建构过程。学生不是被动地接受外在信息，而是根据先前认知结构主动和有选择性地知觉外在信息，建构当前事物的意义。②知识是个人经验的合理化，而不是说明世界的真理。因为个体先前的经验毕竟是十分有限的，在此基础上建构知识的意义，无法确定所建构出来的知识是否就是世界的最终写照。③知识的建构并不是任意的和随心所欲的。建构知识的过程中必须与他人磋商并达成一致，并不断地加以调整和修正，在这一过程中，不可避免地要受到当时社会文化因素的影响。④学生的建构是多元化的。由于事物的存在复杂多样，学习情感存在一定的特殊性，以及个人的先前经验存在独特性，每个学生对事物意义的建构过程将是不同的。虽然建构主义的内容非常丰富，但其核心是强调以学生为中心，换言之就是强调学生的主体性，而教师就是学生学习的辅助者和促进者。

（二）建构主义理论对外语教学的启示

1. 激发学生学习兴趣

没有兴趣，学生就没有学习自主性，建构主义也就无从谈起，因此，要先激发学生的学习兴趣。

要激发学生的学习热情，轻松愉快的授课安排尤为重要。比如，安排一些和学习相关的娱乐活动。把乏味枯燥的语言学习变为生动活泼的语言交际。同时，还要多方位激发学生兴趣，注重对学生创造性思维的培养，实行趣味教学，讲究教学艺术。比如，用生动、精辟的语言阐述外语语言的特点，从历史角度分析外语和汉语的内在联系；阐明学习外语知识、参与对外交流对自身价值实现和新时代社会需求的必要性；举实例证明掌握外语的学生拥有更好的就业前景。学生的就业前景是他们学习外语的重要推动力。教师可通过开展座谈会的形式，邀请外语专业毕业生介绍自身的就职经历，来激发学生对外语学习的积极性。

2. 运用情景式教学模式

情景式教学模式在当今的语言教学中发挥着重要的作用，它是根据周围的环境尽可能还原教学语言所处的现实场景，使学生在这种氛围之下能够更好地体会到教学语言的母体环境，从而更好地培养语感的教学方式。情景式教学模式并不是简单的知识传授与输入的过程，而是一种集知识和实践于一体的教学方式。[①] 该种教学模式强调语言的教学目的并不是简单的应试，而强调真正利用这种语言进行人际沟通和交流的能力，这与高校培养学生的整体目标是一致的，对于人才的培养具有十分重要的作用。

要把建构主义引入教学的第一课堂，就要改变教学模式。情景式教学模

---

① 罗庆丽.情景式教学在高校英语教学中的应用探讨[J].产业与科技论坛，2021，20（14）：126-127.

式是建构主义一个较为成功的模式，它把传统的"以教师为中心"的教学模式变为"以学生为中心"的现代教学模式。其基本做法一般分为以下三步：

第一，设计情景。设定学生面试情景、职场接打电话情景、洽谈业务情景等和学生日后毕业实践相关的情景，效果要优于普通的教材场景。在教师设定完固定的情景后，还要给学生提供一定的单词，保证会话顺利进行。

第二，分角色进行模拟表演。学生在得到教师设计的情景题目后，应该分组进行会话的编写。分角色表演是情景会话的特色之一。学生在表演自己编写的情景会话时会有一种成就感。和背诵教材比起来，学生对于自编自演的兴趣更加浓厚，对于自己表演过的句子也能更加牢固地掌握。同时，分组进行情景会话，不但培养了学生的团结合作精神，对于学生的回想学习和后进生进步也有很大的帮助。

第三，教师点评。教师对学生表演的点评也很重要。对学生的错误和不当之处进行纠正，能够加深学生的记忆。但是教师对于学生的"作品"应该首先给予表扬，在表扬的基础上再进行修正。否则，容易挫伤学生的积极性，影响情景模拟课堂的效果。同时，为了提高情景会话教学的效果，教师还可以通过设置平时分的方式提高学生的积极性。

3.活用外语学习资源，提供学生自学平台

建构主义理论不仅要引入课堂教学中，还应该让它体现在课堂之外的学生学习中。随着网络的发展，外语学习资源日渐丰富，教师可以在网上发布对刚刚结束的外语教学的总结，让学生更好地复习知识点，达到强化记忆的效果。同时，教师还可以发布即将上课的内容教案，让学生自行预习，这样带着问题点和疑问来听课，能使学生更加有效地接受新知识，还可以鼓励学生利用手机中的小程序进行多种形式的学习。

三、多元智能理论

（一）认识多元智能理论

多元智能理论是由美国哈佛大学教授霍华德·加德纳（H. Gardner）于1983年在《心智的结构》中首次提出的。他认为，智能是在文化环境中解决问题并创造一定价值的能力，个体至少存在八种智能，包括语言智能、数理—逻辑智能、视觉—空间智能、肢体运动智能、音乐智能、自然观察智能、人际智能和内省智能。①

与传统的智能观相比，多元智能理论的智能体系更为宽泛，它的提出打破了把智能局限于语言和数理逻辑方面这一观点，认为人的智能是多元的，每项智能都同等重要，应平衡发展。人的智能不断发展，智能发展水平的高低在于开发的程度，只要通过合理、科学的培养，人的智能在任何年龄段都可以得到开发和加强。此外，尽管每个人都拥有这八种智能，但不同的生长环境和教育背景会造成智能差异，这八种智能以不同方式、不同程度组合在一起，从而使每个人的智能各具特点、各有所长。

（二）多元智能理论对外语教学的启示

1. 制订全面的教学目标，明确教学目的

多元智能理论提出的八种智能互相作用、互相依赖，同时，这八种智能是人类生活和生存所应具备的能力。因此，多元智能理论主张教学目标应具有全面性，学校教育不仅要培养学生的基本能力、专业能力，还要培养其独立思考、解决问题、参与社会实践的能力。

第一，基础能力阶段，即高校外语教学要在通识教育阶段注重培养学

---

① 张云. 基于多元智能理论的大学英语创新教学探索 [J]. 现代英语，2023（5）：18–21.

生的听、说、读、写、译等能力。基础能力的培养有助于学生专业能力的提升。

第二，专业能力阶段，即开设与各个专业相关的外语类课程。需要注意的是，专业外语课程的开设应以输入专业知识为主，帮助学生了解本专业所涉及的词汇，同时强化外语听说课程和专业论文的撰写，让高校外语课程真正帮助学生提高专业水平、认知水平、口语水平和写作水平。对于不同水平的学生，教师应调整授课内容、教学目标、教学进度。在教学内容方面，教师应有目的、有计划地选择一些涉及就业导向的内容，促使学生在实践中运用知识提高实践能力和跨文化语用能力，同时教学内容应体现时代性，符合学生学习的特点和兴趣。

2.教师应使用多元智能合作模式，实现智能优劣互补

学生在各项智能上具有差异性，对此，在外语教学中，教师需要采用合作、开放的策略充分发挥学生的智能优势，不断开发弱势智能，并实现智能的优劣互补。例如，在英语教学活动中，教师应充分将多元智能和教学内容紧密结合起来，通过合作智能模式来实现高校学生听、说、读、写等综合英语应用能力的提升。例如，在学习 *Charlie Chaplin* 这一单元时，教师可以对学生进行分组，然后利用网络与图书等渠道对卓别林的生平和相关作品进行调查，并选取其电影里的片段让学生进行角色扮演，通过这种方式，学生的语言智能、人际智能、肢体运动智能与自然观察智能不仅能得到充分的融合，而且其英语读、说能力也能得到提高。

3.选择恰当的方法

随着教学改革的不断深入，多元智能理论在教学中越来越显现其重要性。因此，在教学中教师如何正确选择教学方法就成为影响教学质量的关键问题之一，实践也证明，教师只有按照一定的科学依据，综合考虑教学的相

关因素，选择恰当的方法并合理地加以组合，才能使任务教学效果达到最优。在教学中，教师应该依据教学的具体目的与任务，依据不同课题的类型和特点，依据学生的实际情况和教师本身的素养来选择教学方法，同时还要考虑不同方法的职能、适用范围和使用条件，以及教学的物质条件、时间和效率的要求。

4.“以人为本”，促进全面协调发展，建立多元评价体系

多元智能理论强调外语教学应“以人为本”。在外语教学中，教师应明确和突出学生的主体地位，发挥其优势。多元智能理论认为，每个学生都有其优势智能。因此，高校外语教学应重视差异、善待差异、以生为本，在和谐公平的环境中发挥每个学生的优势智能，而不应实施分级教学，因为分级教学不利于学生特点和个性能力的展现。教师应根据学生的能力、水平和智能特点因材施教，让他们尽可能发挥自己的长处和优势。高校外语教师应树立“人人有才，人无全才，扬长避短，个个成才”的教育观，选取能发挥学生各个阶段智能特点的教学内容和教学方法，激发其学习兴趣，提升其学习能力。教师应重视学生的个体差异，了解其智能结构特点，协调发展，共同促进，采取不同的教学手段和方法，帮助他们发现问题、解决问题，从而培养其学习自主性。教师可以依据学生的学习特点和需求设定不同的教学目标，制订个性化教学方案，积极引导学生成为课堂教学的主体，促进其交际能力的发展，以便获得有效的教学反馈。因此，从多元智能理论出发，培养学生思考问题、解决问题、协调处理问题、社会实践等能力是教学的真正意义，是智力的真正发展，也是教学的本源。以多元智能为核心的高校外语教学应建立完善的多元评价体系，从多元视角出发，发现学生的长处，采用恰当的评价方式，强化其长处，促进其各项智能协调发展。

第三节 高校外语教学的理念与原则梳理

一、高校外语教学的理念

（一）创新教育理念

创新教育理念不仅指学生在校阶段创新思维和能力的开发和培养，也包括学生就业阶段的创新创业的思维和能力。一般来说，这个理念包括三个方面的内涵，即创新意识、创新能力和实践能力。[①]

在高校外语教学中融入创新教育理念，就是将外语教学与创新教育相结合，两者的结合能够发展学生综合素质能力，有着重要的理论意义和实践价值。

（1）两者的结合有助于激发大学生各个方面的潜能和智能，促进大学生的全面发展，有利于为国家培养优质的应用型和创新型外语人才。这一理念与高校外语教学相结合是新时期高校达成综合能力和技能较强的应用型人才培养目标的重要举措。

（2）两者的融合能够改善以往外语教学轻视学生能力，只看重外语考试分数的情况，能够激发大学生外语学习的积极性，发挥大学生的个性特长和综合潜能，使其在激烈紧张的就业市场中具有更大的优势。

（3）创新教育理念下的外语教学能够挖掘学生多方面的优势和潜能，有效地促进大学生身心的全面发展，有利于培育优秀的全面发展的人才，为国家的繁荣昌盛奠定基础。

（4）创新教育理念与外语教学融合的研究可以为高等教育改革发展提供

---

① 许永娜.创新教育理念的内涵及在高校外语教学的应用[J].赤峰学院学报（自然科学版），2020，36（7）：109-111.

实践性和理论性的支持，能够为高等教育的良性发展提供鲜活的思路和方案，也为建设创新型国家战略提供理论基础。

（二）以人为本理念

1. 以人为本理念分析

以人为本是指要以人的意愿为前提开展活动，尊重人、信任人。[①] 将以人为本的理念应用到教育中，是指开展一切教学活动都要以学生的意愿为基础，尊重学生、信任学生，重视学生个体发展需求和主观学习意愿，促进学生个性化发展。高校管理要落实以人为本的思想，学校必须给予学生充分的尊重，了解学生的需求，为学生营造优良的学习环境。以人为本是重要的价值观，触及社会、生活、教育的各个领域，高校融入以人为本的教育理念，要围绕人开展教育教学活动，调动人的积极性、主动性和创造性，实现人与学校共同发展。

贯彻以人为本理念，对于教育界而言，就必须对学生日后发展予以高度重视，积极提高学生的智慧与才能，使其形成良好性格的同时，尽可能地发掘其自身潜力，而不是把目光一直放在知识学习的层面。因此，在开展教学工作时，教师一定不能把学生当作获取基础知识的工具，而是具有独立思想并富含感情的个体，所以就需要不断激发其联想力和探索欲，调动其学习积极性，激励其敢于实践。

2. 人本主义理念对高校外语教学的启示

在高校外语教学中运用人本主义理念，要求教师创造以人为本的教学环境，实行人本主义的教学模式，进行以人为本的教学评价，全面激发学生的主体自觉性。

---

① 叶丹. 高等教育教学模式中"以人为本"理念的融入 [J]. 大学，2023（7）：85-88.

（1）创造以人为本的教学环境。运用人本主义理念进行外语教学，先要创造一个良好的教学环境，激发学生的学习主体性。这要求教师转变传统的教学理念，从学生知识的传授者转变为学生知识的引导者和促进者，创设教学环境，激发学生学习自主性；还要求教师在充分了解和尊重学生主体需要的基础上，有机结合外语教学内容与学生的实际学习需要，尊重学生的个性与创造性，通过有针对性的引导和交流，帮助学生认识世界、了解世界。

（2）运用人本主义理念进行教学。高校外语教师要改革传统教学方式，实施以人为本的外语教学改革，采用分层教学法、小组合作教学法、任务教学法等方式，创新传统外语教学课堂，切实做好高校外语课堂个性化教学。提高学生的学习兴趣和综合能力。通过挖掘教材中的人文内涵，设置相应的教学目标，让学生在学习、掌握外语语言技能的过程中体验生活，让学生从自己的角度用充满个性的理解去完成语言学习。教师还要注意变革传统的考核形式，改变传统以分数论高低的课程评价模式，可将期末评价分为教师评价和学生自我评价两个方面，突出学生的学习主体地位。教师要充分运用人本主义理念，以学生为中心，既要考查学生对外语语言的掌握程度，还要考查学生能运用外语感知世界、完成自我实现的能力。

二、高校外语教学的原则

外语教学原则是外语教育者根据一定的教学目的，遵循外语教学规律而制定的指导教学工作的基本要求，是指导教学工作有效进行的行为准则。

（一）系统原则

根据语言是个符号系统的原理，在外语教学中应突出语法教学的重要作用。语言的系统性在于语言符号间关系的密切联系。外语学习者中介语研究表明，学习者所掌握的外语知识形成一种连续体，从初级向高级阶段发展。新的语言知识的输入，再加上适当的交际实践，必然促进这一连续体向高级阶段发展。在语法教学中，语言符号间的聚合和组合关系可作为编制学习者语法知识网络的经纬线。

（二）循序渐进原则

外语教学应遵循循序渐进原则。任何事物的学习都有一个由浅入深的过程，外语教学也不例外。循序渐进原则包括以下三层含义：

（1）先学习基础知识，再进行能力提升。外语的学习要先从基础知识开始，在外语学习的初级阶段，教师应当先培养学生的听说能力，让学生掌握基础的语言知识，包括语音、词汇、句子结构等，再逐步向读写能力过渡，基础知识的学习为学生读写能力的培养奠定了基础。

（2）语言的学习应从口语开始，逐渐过渡到书面语。众所周知，任何语言都包括两种形式：口语和书面语，外语也不例外。按照人类发展的规律，口语的出现大大早于书面语，由于人类在日常交际中频繁使用口语，因此其学习起来比较容易，且口语句子结构也比较简单，学生通过口语的学习可以尽快提升自己的交际能力。而书面语的发展无疑是建立在口语基础之上的，因此学会口语，书面语的学习自然也不成问题。

（3）外语教学是一个螺旋式上升的过程。学习本身就是一个螺旋式上升的过程，这是事物发展的规律，外语的学习同样适用这一规律。外语学习需要反复循环，但这种循环不是毫无发展的盲目循环，而是在每一次循环中学生都能取得进步。学习最忌讳的就是"喜新厌旧"，学生只有不断重复已有的语言知识和技能，才能取得更大的收获。

（三）交际原则

整个外语教学过程中，教师和学生必须时刻牢记学习外语的最终目的是用外语进行交际，而掌握外语这一交际工具的最有效的途径就是交际实践。形式为意义服务，工具为目的服务。外语交际能力包括准确接收信息和发出信息的能力。所以，外语交际能力的培养意味着全面培养学习者的外语听、说、读、写能力。交际能力由两个方面组成：语言知识和交际知识。语言知识的积累可以提高交际能力，交际实践可以巩固学到的语言知识，这样又可以反过来促进交际能力的提高。但是，语言知识的学习是为最终外语交际服务的，所以应注意语言知识教学和交际技能教学之间的关系。

（四）巩固性原则

语言学习最大的特点就是容易遗忘，因此教师在教学过程中要不断加强学生对语言的巩固，即巩固学生已经学习过的外语知识和技能。具体来说，就是要求学生牢固掌握外语基础知识，能够熟练地运用外语进行交流和学习。每上一节课，教师都应该让学生明白其所讲的内容，即应该懂的是不是懂了，应该会的是不是会了，应该记住的是不是都记住了。学生不能不懂装懂，教师更不能不管学生能否接受而一味地讲授新知识，要在学生充分理解所学内容的基础上进行知识的深化和整合。

（五）情感原则

心理学中的情感指人对客观事物是否满足自己的需要所产生的内心体验和态度。情感具有两极性，可分为积极的情感和消极的情感。

情感原则包括对学习者学习外语的动机和态度加以引导，以及对学习过程中学习者的其他情感因素（性格、兴趣、情绪等）的培养或控制。一般来说，外语学习者的动机可分为综合型和工具型两种。持综合型动机的学习者希望通过学习目的语，融通该目的语文化；而持工具型动机的学习者则是为了达到某一短期目的，如通过某一考试、获得某一职位等。研究证明，持前一类动机的学习者成功的比率较高，坚持学习的动力也大。

第四节　高校外语教学中的教师与学生角色分析

一、高校外语教学中的教师角色分析

（一）高校外语教学中的教师应具备的基本素质

教师应具备的基本素质至少应包含以下几个方面：

1. 良好的职业道德

优秀的外语教师群体的职业观和职业道德是他们精神生活的组成部分，是他们专业素质框架的重要维度。教师自我发展的根本动力不是来自外界的压力，而是来自教师对学生、对教育事业的热爱。教师的职业道德规范最核心的要求是热爱学生，热爱教育事业。教师只有热爱学生，才能全身心地投入工作中，才能在教学中做到以学生为中心，全面提高学生的素质。教师良好的职业道德还体现在树立爱岗敬业的观念上。

教师必须具有高尚的思想情操和良好的职业道德。教师是一个神圣的职业，学生和社会给予了教师极大的尊重。作为人类灵魂的工程师，大学外语教师一定要全身心地投入工作，热爱自己的教学事业，只有这样，才能一心一意、勤勤恳恳做好教书育人的工作，也只有这样，才能以自己的敬业精神和崇高的人格力量去感染学生，陶冶学生的思想情操，真正做到为人师表。

2. 扎实的语言基本功

教师的语言能力将直接影响学生目标语输入的质和量，对外语教学的效果有很大影响。

过硬的语言能力是外语教师出色完成教育教学工作的基础，是有效培养学生的外语综合技能，提高交际能力的必要条件。教师的语言能力，在很大程度上决定了教师课堂教学的效果。外语教师必须具备外语语音、词汇、语义、语用方面的知识，同时必须具备较高的外语听、说、读、写的技能。为此，高校外语教师要有强烈的学习意识和坚持不懈的精神，不能满足于现有的知识和学识，应不断拓展自己的知识修养，促进语言实践能力的提升，提高课堂语言教学效果。

3. 过硬的学科教学能力

高校外语教师不仅要有坚定的职业信念、高尚的道德品质、扎实的外语语言知识，而且要懂得语言教学的基本规律，掌握课堂教学的方法，熟悉外语教学的本质特征和外语教学实践的基本原则，能够按教学目的创造性地使用教材，具备对各种学习环境因素调控和驾驭的能力。外语教师应该熟悉教学组织的步骤和基本的教学原则，具备运用传统的和现代化的教学辅助工具和手段进行教学的能力。

4. 较强的科研能力

科研能力是教师综合素质的重要部分。就教师自身而言，要把科研作为本职工作不可分割的一部分，充分认识科研对提高自身素质、提高教学水平的重要性。在日常的学习、教学工作中，外语教师应做好知识、素材的积累，打好基础，厚积薄发。

（二）信息时代外语教师角色的转变

1. 教师的组织角色

在信息时代，大学生的学习资源比比皆是，学习工具丰富多样，学习方式也日新月异。但是，这些学生在面临多种选择时往往很茫然，不知道什么方式更适合自己。这就需要教师发挥组织作用，针对不同学生的特点，组织多样的线上学习活动，并鼓励学生互相监督。

2. 教师的知识拓展角色

在信息时代，高校外语教师应该更加充分地利用信息时代背景下的信息化手段和信息资源，在备课和教学过程中通过互联网把信息和资源发给学生，让学生课前复习，让学生在获取知识的过程中获得更系统的培养。因此，教师应尽量多地收集、整理更多、更符合教学现状的教学资源，供学生参考、学习，从而最大限度地激发学生自主学习的热情。

3. 教师的创新角色

在信息时代，高校外语教师应更加注重课堂教学的形式和课后与学生交流的形式，不能拘泥于传统的课堂教学以及课后与学生交流。教师应该创新教学思维与方法，给学生创设学习情境，从而使学生可以在这个情景下自由发挥，这既能坚定他们学习外语的信心，也能激发他们的学习热情，使其更加自觉地学习外语。

二、高校外语教学中的学生角色分析

（一）高校外语教学中的学生角色

1. 教学活动的参与者

学生和教师都是教学活动的参与者，教师应激发学生参与外语教学活动的兴趣，学生应保持学习热情，主动配合教师，积极参与教学活动，认真思考教师在课堂上提出的问题，尝试总结并输出自己的观点以及看法，大胆展示个人才艺与技能等。

2. 教学活动的合作者

高校外语教学活动是围绕教师以及学生开展的，教师与学生、学生与学生之间都应建立良好的合作关系，身处教学活动的每个个体都应取长补短、互相学习，在学习文化知识的同时，提高个人的交流能力，感受团结的力量。

3. 教学活动的反馈者

教师对学生的学习过程起到重要的引导作用，学生积极参与教学活动也促进了教学方法与教学活动的完善。学生根据自己的学习体验以及教学期望，对授课教师提出合理的建议有利于教师提高组织与教学水平。

4. 教学活动的主体

教学活动涵盖了"教"与"学"的过程，教师是"教"的主体，那么学生就是"学"的主体。学生在接受文化知识的同时，也会受到文化中所透露出的价值观的影响，从而健全自身的人格，形成正确的三观。

（二）高校外语教学应以学生为中心

首先，与传统的"一言堂""满堂灌"的课堂不同，"以学生为中心"提倡以学生为主体、教师为主导的课堂教学模式。其次，教师应该把课堂还给学生，充分相信学生，这不仅能够让学生掌握学习主动权，而且能激发其对课堂内容的学习兴趣和参与课堂活动的积极性，课堂不再是教师的地盘，而是人人都能发表言论和展现自我的自由舞台。最后，这种轻松愉悦的课堂必将使教学效果大大增强，实现高质量的教学目标。具体表现如下：

第一，有利于激发学生学习外语的兴趣和积极性。兴趣既是学生的一种潜在素质，也是学生学习的动力和需要。作为在校大学生，随着知识、经验和技能的不断增长，其身心发展不断成熟，他们已在不同程度上表现出自己对周边事物的认知和情感渴求。若抓住这一良好时机，对学生进行外语教育，便可取得良好的教学效果。所以高校外语教学坚持以学生为中心，有利于学生学习兴趣的激发，从而更加积极热情地参与课堂活动，积极思考，踊跃表现。在巩固知识的同时，提高了课堂学习效率，实现了高效学习。同时，也有利于排除学生在学习上的心理障碍，让学生感受到学校的人文关怀，轻松投入学习。

第二，有利于培养学生的自主学习能力。"以学生为中心"的教学模式，具体表现形式有小组讨论、组内分工、合作完成等。这就要求学生在独立思考问题、分析问题的同时，要不断与其他组员进行交流，从而协调一致地解决问题。这既培养了学生的独立性，又培养了学生的沟通合作能力。比如，他们在讨论时学会了如何倾听，学会了如何相互学习，学会了如何突破自我，大胆、清晰地表达自我等。这一系列语言、思维和胆量的训练，有助于学生自主学习能力及小组合作能力的形成与提高，从而推进下一次教学活动的顺利进行。

第三，有利于培养适应社会需要的外语人才。高校是培养高级外语人才的主阵地，应坚持实施"以学生为中心"的教学模式，给学生创设更多的表现平台，使学生通过丰富多样的实际活动来不断认识自我，不断提高自身的思维能力、动手能力、与人合作的能力，从而提升自我。为学生提供越多的表现机会，越能增强他们的自信，越有利于他们更好地融入社会，提升社会竞争力。

第五节 高校外语教学的发展与评价策略

一、高校外语教学的发展

（一）高校外语学科应重视自身良好氛围的营造

在当前的国际化环境下，高校外语学科必须更新观念，考虑如何在有限的条件下获得更大的发展，必须进一步开拓视野，超越传统和固有的理念，用一种新的理念来冲击我们固有的传统，在学科综合环境下考虑如何实现创新型人才的培养，在开放的环境下考虑如何利用校内和校外以及国外资源来提升创新人才的培养水平，在研究型环境下思考如何以科研带动教学，提高人才培养质量。从制度上，高校外语学科必须针对本学科的特点和学术发展的需要，建立科学的学术评价体系和教师考核评价制度，如鼓励外语学科进行跨专业、跨学科的合作和交流，采用新的标准来进行专业建设等。这些将为外语学科发展创造良好的氛围和宽松的外部环境。

外语学科还要有学科创新意识和精神。学科创新，是21世纪中华民族实现教育复兴的实质性举措。外语学科虽然是沧海一粟，但同样也要跟上社会前进的步伐，否则迟早会被社会淘汰。然而，学科创新是一个复杂的系统工程，不是一蹴而就的事情，需要大家齐心协力，共同探索前进的道路。

（二）重视并加强课程改革

在高校外语教育改革中，要及时对外语课程进行改革。高校外语课程设置不合理会影响外语教学工作的有序开展。为避免此类情况的出现，要均衡设置外语类专业核心课程及专业知识课程。结合高校自身实际的发展情况，可以增加选修课，这样，学生就可以根据自身喜好，选择适合自己学习的课程内容。在课程模块的设置中，外语专业课可以结合人才培养标准以及要求，对目前的课程进行整合与分类，并将核心能力的培养融入课程中。比如，在对学生能力的培养时，高校对于语言技能类型模块课程教学要给予更多重视与关注，通过该模块教学的开展，使学生的逻辑能力以及推理能力得到提升。总之，在外语课程的改革与优化中，要结合实际教学情况与学生学习情况展开，从而确保课程设置的科学性与合理性。①

二、高校外语教学的评价策略

教育部门十分重视高校教育，对高校教学评价体系的建立也十分重视。通过不断的实践探索，在高校教学评价上已经取得一定的成果。但是，高校教学评价仍然存在很多问题，高校外语教学评价也不例外。外语教学评价不但能够帮助教师全面了解教学效果，及时改进教学方法，有效提高教学质量，还有助于学生客观评价自身学习状态，有效调整学习策略，积极改善学习方法，切实提高学习效果。因此，应该通过厘清高校外语教学评价的意义，分析高校外语教学评价的功能，总结高校外语教学评价的形式，来优化高校外语教学评价。

（一）高校外语教学评价的意义

教学评价实际上就是一个收集、综合和分析信息的过程，是了解学生各项技能的发展水平和发展潜力等信息的过程。一般来说，教学评价可以达到两个目的：第一，为学生个人提供有益的反馈；第二，为学生所在的学校和社区提供有用的资料。最终目的是通过评价促进学校、家长和社区的合作，帮助学生进步。

---

① 符巧静.高校外语教育改革的路径探析[J].文艺生活·文海艺苑，2020（24）：215.

具体来说，高校外语教学评价的意义体现在以下几个方面：

1. 从学生和教师的角度来看

（1）从学生的角度看，高校外语教学评价对学生的意义主要体现在以下几个方面：

1）教学评价可以使学生的学习过程具有可视性。在这个过程中，学生能够清楚地看到自身的长处和不足，有利于更好、更快地纠正学习过程中的一些错误观念和错误假设。

2）教学评价可以使学生意识到语言学习的过程性。学生一旦意识到了语言学习是一个过程，就能更加主动地对自己的学习进程进行调控，成为真正的自主学习者。

3）教学评价能使学生切实感受到教师对其学习的关注，从而加强师生之间的情感交流。

4）教学评价提供的反馈信息能帮助学生及时灵活地调整自身的学习策略。

（2）从教师的角度看，高校外语教学评价对教师的意义主要体现在以下几个方面：

1）教学评价为教师日常的教学活动提供了必要的反馈，使教师能及时根据反馈对自己的教学计划、教学方式进行调整。

2）师生间的对话有利于师生间和谐关系的建立与维持，为更有效地开展教学奠定基础。

3）教学是一个根据信息反馈而不断发展的形成性过程，评价可以帮助教师更清楚地认识到这一点。

4）评价的一系列环节有助于教师成为有意识的教学研究者，从而为以后教学理论的研究奠定基础。

2. 从教学工作水平的角度来看

高校外语教学工作是学校整体教学工作的组成部分，并在很多方面受学校整体教学工作的影响和制约。

提高专业教学工作水平，固然要靠教师自身的努力，但也需要学校整体教学工作的引领和支持。从这个角度来讲，外语教学工作的水平在一定程度上也反映了学校整体的教学工作状况。因而，开展外语教学工作评价，通过对外语教学工作状况的检查、分析，既可以对外语教学工作水平做出判断，又能够通过外语学科教学去审视学校整体教学工作的情况，发现学校整体教学工作的优势及不足，从而总结经验，发扬成绩，改进不足，促进学校整体教学工作水平的提高。

需要指出的是，相对于学校整体教学工作的评价，外语教学工作评价无论在内容上、组织上，还是在人力和时间上，都具有突出优势，所以也更便于实施。在对学校整体教学工作评价难以经常进行的情况下，通过外语教学工作评价来考察学校整体教学工作的状况，是一个应予以重视的渠道。

（二）高校外语教学评价的功能

1. 指导功能

评价体系设定的最高分值实际上就是某一特定课堂教学应达到的理想标准。对于教师来说，他们在课堂设计和教学实践中都应以此为衡量标准。对于学生来说，一开始就应该了解评价标准，树立评价课堂教学的意识，特别是对于外语教育专业的学生来说，要学习知识，同时还要学习如何教。他们可以通过了解评价体系学习如何评价教师，在学习中学会当教师。因此，高校应该在学期的开始，组织师生共同学习和讨论评价体系，增加评价透明度，避免评价工作流于形式。

2. 导向功能

外语课堂教学的评价为外语教学实验和研究提供了坚实的基础和可靠的依据。教学评价中反馈出来的问题应成为教学科研的目标，学校可以组织团体进行"攻关"。这个团体应该既包括教师，也包括学生，因为提高教学质量最终还是体现在学生身上，没有他们的合作，教学改革只会变为空谈。

3. 反馈功能

反馈调控是教学质量评价的一个重要功能。在教学这个双边活动中，教师和学生都需要借助于反馈信息，去调节自己的行为。对教师来说，可以利用评价取得反馈信息，调整授课活动、完善授课目标。比如，通过反馈信息，了解学生掌握了哪些外语知识，英文能力达到了什么水平，存在哪些问题；同时，教师也可以知道自己的教学目的哪些达到了要求，有哪些不足之处，以改进教学工作。对学生来说，可以从评价反馈信息中调整自己的学习活动，力求出色地完成学习目标。对学校来说，评价体系对外语教学的要求也体现了外语教学对教学环境的要求，能够督促学校为灵活多样的外语课堂教学形式提供相应的现代化教学设备。

（三）高校外语教学评价的形式

1. 诊断性评价

诊断性评价是指在活动之前为使其计划更加有效地实施而进行的评价，因此也称为事前评价。高校外语教学诊断性评价的目的是通过收集有关信息来确定特殊教育的对象、培养目标和方案。学生在学习过程中经常会遇到各种困难，如听不懂、注意力不集中等，偶尔也会受情感、家庭或社交方面的影响，如当天的心情、对教师的喜爱程度、是否与同学发生了冲突等。因此，教师应该先找到问题所在，然后记录其发生的频率，最后找出解决问题的方法。一般来说，学生的学习情况不仅体现在测试的分数上，还体现在学生对某一主题的项目完成记载以及教师与学生家长的交谈结果上。

采用诊断性评价的方法，教师可以对学生的知识掌握情况和能力有一个深入的了解，也能发现学生存在的问题及其性质、范围，进而能设计出满足学生需要的教学活动。外语课堂上要进行这种评价，可以采用多种方式，如课堂上对学生的简单提问与回答、精心设计的测验等。

2. 终结性评价

终结性评价又称事后评价，一般是教学活动在一个教学阶段结束时进行的总结性评价。终结性评价主要包括期末课程考试和水平考试，目的是检验学生的学习情况是否达到了各科教学目标的要求。终结性评价注重的是教与学的结果，借此对被评价者所取得的成绩做出全面鉴定，区分等级，对整个教学方案的有效性做出评定。

从教师的角度而言，终结性评价可以看成解释教学效果的一种手段；从学生的角度而言，终结性评价主要用于判定学生最后的课程分数。许多教育家都认为，终结性评价是有效的、可信的、真实的，因为它提供了大量信息。但终结性评价可能会诱发学生出现一些不道德的行为，如为获得较高分数，学生可能会作弊。

终结性评价体系更正式，呈结构化，所以它与形成性评价相比，其计划、安排更严密、更有效，需要主要部门之间协调配合。一般来说，终结性评价系统不提供反馈和建议。在学年末对学生进行终结性评价，是为了给学生分配年级或为学生升到下一个年级提供参考依据。

3. 形成性评价

形成性评价是在教学过程中为了获得有关教学的反馈信息，改进教学，使学生掌握知识所进行的系统性评价，即对学生的知识掌握程度进行评价。

　　形成性评价的着眼点在于过程评价，它是对学生学习过程的全面测评，是对学生课程学习成果的阶段性评价，是对学生学习目标的阶段性测试，也是课程考核的重要组成部分。外语课堂上进行形成性评价的方式、手段有很多，如访谈、座谈、测验结果的分析、对学生学习研究报告的评论等。形成性评价的工具有评价量表、课堂观察、成长记录袋等。

　　高校外语教学应改变以往外语的低层次学习和对分数的过分看重，了解学生的学习情况和需求，调节教学进程改善教学效果。同时，对学生的学习任务等给予具体的反馈，帮助学生了解自身水平和提高途径，使之成为自主高效的学习者。形成性评价既是教育发展的共建过程，也是更为有效地强化师生间交流，促进大学生情感发展，充满人文关怀的过程。

第二章　信息技术与高校外语教学的融合研究

信息技术是现代社会经济发展的重要推动力，在社会各领域的自我革新中发挥着重要的技术支撑作用。在国家经济发展步入新常态的大背景下，外语教育领域也必须与时俱进，为社会经济建设输送所需的具有综合素质的复合型人才。信息技术的优势作用在于信息的传播与获取，这与教育行为的本质不谋而合。因此，外语教育在新形势下需要与信息技术实现更加理想的融合。

第一节　高校外语教学的信息化诉求

一、信息时代的教育变革有其必然性

工业时代教育的典型特征是"双基"教学、班级授课制和封闭式校园，信息时代教育的典型特征是面向数字公民的培养、个性化学习和互联网环

境。从工业时代教育转向信息时代教育需要经历教育信息化的关键历程，其典型特征是关注学生核心素养的发展、信息化教育和数字化学习环境。

就当前教育实践样态来讲，我们的教育主要呈现工业时代教育的特征，信息时代教育特征初露端倪，信息时代教育相对工业时代教育在学习内容、学习方式和学习环境方面存在显著差异，教育信息化就是这两种教育形态的变迁过程。

（一）教育数字化转型的要求

教育数字化转型是数字技术推动教育内部革新的持续演进过程，数字中国必然需要高度适应数字经济与社会发展的数字教育作支撑。

1. 能促进教育资源的公平配置

进入新时代后，教育要解决的问题已经从"有学上"转变为"上好学"，为全国学生提供优质的教育资源是教育公平的重要内涵。教育的数字化转型，突破了传统的教育教学模式，教育资源配置在信息技术的支撑下，不再受到时间和地区的限制，向着更加公平、开放、共享的方向发展，受教育者可以通过下载各类学习软件选择教育资源，不再受区域限制、时间限制、师资限制，可以随时随地通过信息、数字技术学习自己感兴趣的内容。

2. 能深化教育理念变革

深化教育理念变革是教育数字化转型的先导，数字化作为强有力的杠杆正在撬动着教育领域的整体性变革。当前，数字化时代的到来，促使社会对人才的需求发生着深刻的变化：具备数字化的战略头脑、数字化的思维、数字化的执行能力、数字化的创新能力等成为当今社会对人才的新要求。在数字化的时代背景下，教育理念得以全面变革。创新教育、终身教育、开放教育和个性教育等新型教育理念逐渐体现在教学的全过程中。传统课堂线上授课或者线下授课的单一教育模式正在发生变化，取而代之的是"课堂 + 线上 + 实践"的混合教育模式，各种类型的教育资源得以在课堂上展示，学生的个性化表达得以体现，无时无处不在学习已成为常态。

3. 能提升教育教学质量

教育数字化是提升教育教学质量的新动能、新引擎。① 推动教育高质量发展是教育数字化转型高效性的具体体现。自教育数字化转型以来，教育领域充分利用了互联网、云计算等信息技术平台，依托 5G 技术、AI 虚拟技术等实现了大数据的收集、分析与整合，构建出个性化的学习体系，并根据每个学生的学习能力、发展潜力等分析学生的学习情况，制定出个性化的学习方案，满足学生的个性需求，提升学习效率，实现"以学定教、以学评教、以学导教"。尽管教育数字化转型还有待进一步发展，但不可否认的是，数字技术与教育相结合已经在提高教育教学效果上表现出巨大的潜力：教学内容更加丰富多彩，教学形式更加新颖独特，教学目标更加具体，知识的输出更加有效，教学效果上了一个台阶。事实证明，教育数字化已经成为一种教育生产力，推动着教育质量的高速提升。

（二）教育信息化推动"个性化"教育

"互联网 +"作为教育信息化的新动力，为信息技术与教育的深度融合提供了条件保障，为人才培养目标提出了新要求，为新型学习方式的实现提供了手段支撑，为现代学习环境的构建提供了技术支持。

1. 学习内容：从以"双基"教学为主向"数字公民"过渡

随着教育信息化的逐步推进和移动终端设备的日益普及，线上资源日趋丰富，学习者可以利用网络获取各种学习资源，但是大部分学校仍然以双基

---

① 祝智庭，胡姣.教育数字化转型的本质探析与研究展望[J].中国电化教育，2022（4）：1-8+25.

教学为主，并未充分而有效地利用数字资源，其原因在于数字公民偏好的内容载体与双基教学需要的数字资源间存在鸿沟。数字公民是对信息化时代公民所应具备的素养和技能的统称，不同的国家对其有不同的培养目标。

我国也经历了从"双基""三维目标"到"学生发展核心素养"的发展历程。实际上，无论是国际上关注较多的 21 世纪技能框架，还是《中国学生发展核心素养》，都体现了各国政府对其人才培养目标的探索和阶段性认识，体现了对信息时代所需要的人力资源（数字公民）的战略性思考，而数字公民的培养离不开教育信息化的理念、手段和环境支撑。

2.学习方式：从标准化"班级授课制"向"差异化和个性化学习"过渡

工业时代教育的基本特征是整齐划一，以听讲记忆和答疑解惑等操练和迎合标准化测试的学习方式为主，学习路径表现出同质的、线性的特征，而信息时代教育以差异化学习为基本特征。

信息化教育基于"技术丰富"的教学环境，运用多样化教学策略和形成性评价，将现代信息技术与学科教学深度融合，是班级授课制向个性化学习过渡的必要手段。信息技术支持下的教学模式与传统的班级授课制相比，将发生根本性变革，教学准备从备课到学习设计，教学过程从讲授到学习活动组织，教学评价从学期考试到关注学习全过程，重视对学习过程的支持服务。以物联网、云计算、大数据和泛在网络为技术支持的混合学习和联通学习得到越来越多学习者的青睐。

3.学习环境：从"封闭式校园"向"互联网学习环境"过渡

相对于工业时代以"封闭式校园"的学习环境为基本特征，信息时代的教育是基于开放互联环境的。长期以来，学校发展重教学环境设计、轻学习环境设计，在一定程度上导致封闭式校园环境和班级授课制延续至今，变化甚微。

在教育变革过程中，设计一个具有开放性、支持性，能够激发多种思维、适应人类学习复杂性、个性化和随机性特征的开放互联的学习环境尤为重要。

智慧学习环境作为开放互联环境的一种典型形态，是一种能感知学习情景、识别学习者特征、提供合适的学习资源与便利的互动工具、自动记录学习过程和评测学习成果，为师生提供开放学习环境和个性化服务，以促进学习者实现任意时间、任意地点和任意步调的学习的场所或活动空间。①智慧学习环境的建设和优化离不开教育信息化。

（三）信息时代教育的联通学习特征"召唤"教育变革

信息时代人才培养目标、教学模式和学习环境等与过去相比存在显著差异，信息时代的学习是一种联通学习，学习内容是知识节点之间通过互联而产生的知识网络，表现出更强的社会化和网络化特征，学习内容与学习者的日常生活和个人发展相关联。

信息时代教育的典型特征以数字公民的培养为核心、以个性化学习方式为导向、以信息化互联环境为支撑。数字公民是能够经常且有效地使用互联网，遵守技术标准和使用原则，运用互联网技术开展数字化学习、数字化工作和数字化生活，从而促进社会发展的新一代公民。数字公民在享受着数字世界所带来的各种权利和便利的同时，也面对着数字化学习的要求和挑战，现今的学校教育开始聚焦适应未来社会发展的数字公民的培养。个性化学习（严格来说是差异化学习）是相对于工业时代的大规模集体教学而提出的教学理念，是一种以学习者为中心、基于学习者的个性化差异和学习需求、适

---

① 唐俊红.互联网＋英语教学 [M].北京：新华出版社，2018：104.

应其学习偏好的学习方式。个性化学习的实现离不开开放互联学习环境的支撑。

我们必须重视教育信息化的地位和作用，推动信息技术与教学深入融合，尤其要有效运用信息技术的支持推进教育变革。

二、信息时代高校外语教育发展的诉求

在信息时代，一方面，既要完善现有的高校外语教育；另一方面，更要采用先进的信息技术对高校外语教育进行创新。

（一）诉求一：完善高校外语教育

高校外语教育的完善应先从改革课程设置入手，通过课程的改革使高校外语教育的开展能够促进教育目标的达成。具体而言，高校外语教育发展目标已经定位为培养学生的外语综合应用能力，特别是听说能力，使学生在工作和学习中能够运用外语完成简单的交流。此目标的达成，不仅要求高校开设阅读教程，而且要求其开设专门的听力训练课程和口语对话课程。然而，当前，许多高校片面追求学生外语考试成绩，忽略了提高学生外语运用能力的问题。在此种情况下，高校在课程设置上应当以培养学生外语综合应用能力为出发点，摒弃急功近利的做法，设置专门的外语听说课程，运用一切可行的信息技术提高听说课程质量，从而提高学生的外语综合运用能力。

（二）诉求二：创新高校外语教育

在信息时代的大背景下，高校外语教育的创新与信息技术相伴而行。具体而言，引入信息技术，不仅使教育设备得以更新，而且对高校外语教育理念和方法产生重大影响，推动教育理念和方法的创新。

一方面，在信息技术进入课堂的背景下，高校外语教育应当变传统单向度教学模式为以教师的"教"为核心的教学模式。教师应当充分利用信息技术，建立师生互动型的教学模式，通过基于信息技术的生动的教学方式鼓励学生参与课堂讨论和发言，让学生从被动的接受学习中解放出来，从而更加主动地与教师、同伴进行语言交流。

另一方面，教师还应当充分运用信息技术为学生构建外语学习所需的外语语境。在信息时代，教师应当更多采用信息技术，灵活使用音频、视频等外语教学资源，为学生提供"讲外语"的语言环境；同时，更多地采用电脑、麦克风、音箱等设备，为学生间的外语对话训练和师生间的外语教学交流创造更好的条件，从而使学生敢讲外语、愿讲外语、自然而然地讲外语。

第二节 信息技术与外语课程整合理论

一、界定信息技术与课程整合的界定

所谓信息技术与学科课程的整合，就是通过将信息技术有效地融合于各学科的教学过程，来营造新型的教学环境，实现一种既能发挥教师主导作用又能充分体现学生主体地位的以"自主、探究、合作"为特征的"教"与"学"的方式，从而把学生的积极性、主动性、创造性较充分地激发出来，使传统的以教师为中心的课堂教学模式发生根本性变革，从而使对学生的创新精神与实践能力的培养真正落到实处。

二、信息技术与课程整合的价值

（一）有利于实现教育的根本目标

两者的整合属于教育教学范畴，整合的本质和教育教学一致，同时在目标方面也存在较高程度的一致性。因此，信息技术与课程整合能够促使教师教学效率得到提升，从而促进学生的全面发展。同时，由于信息技术与课程整合和教育教学目标存在一致性，因此，信息技术与课程整合能够通过丰富教学方式、拓展教学范围以及创造良好教学环境等，来促使教育根本目标得以实现。

（二）有利于教师开展教学活动

从目前教育实际情况来看，如何充分利用教学资源提升教学效率和质量是一个迫切需要解决的问题，同时也是当前教学中的难点。从传统整合观点来看，信息技术应该作为教师的教学工具，主要功能为提升教学效率。对信息技术的使用，降低了重复教学所带来的压力，促使教育人员能够有更多时间和精力去进行科研和教学，从而促使教学质量得到提升。另外，信息技术能够促使教师更好地解决传统教学中难以解决的问题和困境，从而提升教学效率。因此，信息技术与课程整合有利于教师开展教学活动。

（三）有利于促进学生创新发展

信息技术对学生而言是一种重要的认知工具，可以帮助学生进行高效率学习，从而促使学生更快建立起自己的知识体系。[①]同时，通过信息技术学生能够在学习过程中及时获得关于自身的信息反馈，从而更好地掌握自身学习情况，如果发现问题可以及时采用相应方式解决。无论是建立知识体系，

① 薛峰.浅析信息技术与课程整合的基本问题[J].新教育时代电子杂志（教师版），2022（3）：187–189.

还是充分掌握自身情况，都可以帮助学生逐渐形成创新意识，从而实现创新发展。另外，两者的整合可以营造出良好的教学环境，而教学环境会影响学生的创造能力，即信息技术是学生创造能力得以发展的重要工具。因此，两者整合有利于学生的创新发展。

（四）有利于学科整合

信息技术能够促使多种学科之间实现整合，从而促进各学科之间的相互渗透。比如，学生在制作关于生物课程的视频时，就需要用到生物知识、外语知识、美术知识以及电脑知识，需要通过综合多门学科来最终完成这一视频作品。同时，信息技术与课程整合还能够帮助学生不再受到某一学科的限制，推动学生在学习过程中或在解决某一问题过程中充分发挥自身的兴趣和主动性，从而完成学业或解决问题。因此，在信息技术与课程整合的过程中，信息技术作为一种提升效率的重要工具，能够帮助学生使用多学科知识去解决问题。

三、信息技术与课程整合的内容与目标

（一）信息技术与课程整合的内容

1. 营造全方位的学习环境

社会在进步，教育也在不停进步，尤其是科技的大力发展，无形中深刻地影响了教育环境、教育模式和教育内容。在传统的教学模式中，学生大都通过静态的方式获取信息，而科技手段的介入则能够让学生直观获取信息、完成个性探索，具有很大的教学应用价值。①外语作为一门语言学科，对学

---

① 林艳玉．借助信息技术营造沉浸式英语学习环境 [J]．小学科学，2023（3）：88-90.

习环境、学习工具和学习资源等的要求都较高，这些都是传统教学环境无法提供的，但是借助信息技术，则能够营造沉浸式语言学习环境、充实语言学习内容等。

信息技术和外语课程的融合，不是一种被动的融合，而是积极地调整、改变课程的进程。信息技术与外语课程的融合，会使外语课程中的每一部分发生变化，并发挥其功能。事实上，信息技术本身并不能直接导致外语课程的改变，但对外语课程改革来说，这是一个非常有利的环境。信息技术的迅速发展还带来了学习革命和知识经济。

自从人类进入信息时代，现代教育技术与课程的融合，要求改变教师传统的课程观、教育观和学习观，尊重人的独立性、主动性、创造性、反思性和合作性。信息技术和外语课程的融合，将有助于构建一个新的学习型社会，营造一个全方位的学习环境。"信息化"与"课程一体化"的实质是"学科建设"和"课程建设"。它与外语课程结构、外语课程内容、外语课程资源、外语课程执行等有机结合，从而改变课程的层次、维度，进而推动外语课程的整体改革。因此，加强信息技术和外语课程的深度融合，能够完善现有的外语学习环境，为学生提供良好的学习氛围。

2. 理论联系实践的优化教学

在大学外语教学中，借助信息化技术能够不同程度提高课堂有效性，同时也能促进各类先进教育理念的深度落实。

从实践上讲，信息技术课程化与学科课程信息化是两个重要内容。信息技术应作为一项独立的教学目标，丰富教学内容。课程信息化是把信息技术融入各个学科中，使课程内容信息化、课程实施过程信息化、课程评价信息化，它解决了教育界中专业课程不够对应的问题，并在信息化和课程之间实现了双向的交互，促进了科学的教学组织方式的形成，并提出了"以生为本"的新的课程和教学活动方式，构建了一种全新的一体化教育信息技术。把信息技术和外语课程结合起来，会使外语教学与信息技术观念发生变化。传统的信息技术观念，多以信息呈现工具、教学辅助工具为主，却忽略了信息技术建构信息学习社群的作用。信息技术观念要从教学的角度转向学习的角度。信息技术与外语课程的整合，旨在优化外语教学过程，从而提高学生的外语学习质量。

在大学外语教学中，借助信息化技术教师可以为学生呈现各种各样的外语知识，使学生对所学知识产生全面了解。相对于传统的灌输式讲解方法来讲，在信息化背景下的大学外语教学中，教师可以借助各类先进的教学软件、教学视频以及资料图片，甚至是 3D 模拟实景等，这既能满足学生的好奇心，又能提高学生的积极性。并且，在信息技术的推动下，师生之间关系更加和谐，课堂学习氛围也会更加活跃。

（二）信息技术与课程整合的目标

1. 促进教师角色转变

信息技术与课程整合本质上是在现代教育理论指导下，将各种先进信息技术（计算机技术、互联网技术以及数字技术等）转变为教学过程中营造学习氛围、创设教学环境以及提升学生学习积极性的工具。从而在此基础上对各学科教学过程进行优化。比如，将不同教学资源进行融合、强化各教学环节之间的联系等，进而促使教师的角色转变为学生学习的指导者。

2. 培养学生的信息素养

教育信息化发展为学生的终身学习提供了新的机会，但是这并不意味着仅仅依靠教育信息化就能够完全实现终身学习，还需要依靠学生自身的信息素养。只有学生自身信息素养达到一定程度，才能够更深入理解各种信息中所包含的知识，从而促使学生逐渐形成完整的知识结构，进而促使学生拥有终身学习的能力。如果学生能够清晰地认识信息，对信息有正确的判断或加工，就意味着学生具备了一定的信息素养。信息技术与课程整合就是要提升学生的信息素养，从而促使学生理解和分析信息，同时对信息进行加工以及创新。

学生的信息素养的内涵包括以下五个方面：

（1）信息获取，包括信息发现、信息采集与信息优选。

（2）信息分析，包括信息分类、信息综合、信息查错与信息评价。

（3）信息加工，包括信息的排序与检索、信息的组织与表达、信息的存储与变换以及信息的控制与传输等。

（4）信息利用，包括如何有效地利用信息来解决学习、工作和生活中的各种问题。例如，能不断地自我更新知识，能用新信息提出解决问题的新方案，能适应网络时代的新生活等。

（5）信息意识，指对信息的深度感知，如对信息内容批判与理解的能力、运用信息的能力、融入信息社会的能力。

在信息技术与课程整合时，学生必须具备较高的信息素养，否则在教师进行网络课程教学时，学生很难及时参与进去，也无法高质量地完成学习任务。

3.培养学生终身学习的态度和能力

在信息时代，随着不同学科之间的相互渗透以及知识更新速度的加快，各种新兴学科和交叉学科层出不穷。这样的变化要求人们要想紧跟时代脚步，就必须不断学习新的知识，并且需要将新知识转化为自身能力，运用到具体社会实践中。因此，教育开始从原来的一次性教育向终身教育转变，而教育信息化发展为这样的转变提供了基础支撑。要想实现终身学习，就需要转变教育方式，将教育从以往的模式化转变为个性化，并且将学生学习过程自主化，帮助学生形成终身学习的态度。

培养学生具有终身学习的态度和能力就是让学生具有主动汲取知识的愿望，并能付诸日常生活实践，将学习视为享受，而不是负担；能够独立自主地学习，能够自己组织、制订并执行学习计划，并能控制整个学习过程，对学习进行自我评估，学习过程受本人支配，对自己的学习负责。教师只是学习的指导者、建议者，而不是学习过程的主宰者。

4. 帮助学生掌握信息时代的学习方式

信息技术与课程整合，不是把信息技术仅作为一种辅助教学的工具，而是强调要利用信息技术来营造一种新型的教学环境，该环境应能支持有着情景创设、启发思考、信息获取、资源共享、多重交互、自主探究、协作学习等多方面要求的教学方式与学习方式——也就是实现一种既能发挥教师主导作用又能充分体现学生主体地位的，以"自主、探究、合作"为特征的"教"与"学"的方式，这样就可以把学生的积极性、主动性、创造性较充分地发挥出来，也能使传统的以教师为中心的课堂教学模式发生根本性变革。

教学模式变革的主要标志是师生关系与师生地位的改变，随着这种改变，学生的创新精神与实践能力培养被真正落到了实处，这正是素质教育目标所要求的。在学习中，学生不再依赖教师，而是能够从传统的接受式学习转变为主动学习、探究学习和研究性学习。这表明学生的学习已经从原来的被动接受学习方式转变为主动学习方式。由于学习方式的转变，学生逐渐从原来的主要依靠教师讲课以及教材的学习中摆脱出来。信息时代的学生可以通过各种学习平台，在各种学习资源的支撑下，与教学者相互合作和探索进行讨论式学习，使学习成为一种发现、探索以及创新创造的过程。随着学习方式的转变，学生需要能够熟练使用各种数字化学习资源，并且需要利用信息工具实现学习目标。因此，信息技术与课程整合要求学生必须掌握信息时代的学习方式。比如，利用信息工具和其他人进行协作学习、通过信息化工具实现创新创造等。

5. 培养学生的适应能力、应变能力与解决实际问题的能力

在信息时代，知识量剧增，知识成为社会生产力、经济竞争力的关键因素，知识的更新频率加快，陈旧率加大，有效期缩短。另外，知识的高度综合性和其在各学科间的相互渗透，让更多的新兴学科、交叉学科得以出现，而这些学科及其研究成果又给人们的社会生活、经济生活、政治生活带来了极大的影响。在这种科学技术、社会结构发生剧变的大背景下，一个人的适应能力、应变能力与解决实际问题的能力变得至关重要。

信息技术与课程整合是培养创新人才的重要途径乃至根本措施，信息技术与课程整合所要达到的目标，就是实现创新人才的培养。这既是素质教育的主要目标，也是当今世界各国进行新一轮教育改革的主要目标。

四、信息技术与外语课程整合的基本策略

（一）运用先进的教育理念开展外语教育活动

在外语教学中，教师应该与学生建立一种民主、平等、和谐、愉快的师生关系，在这一过程中，教师起着引导、点拨作用，在整合的理念下，教师的角色应该从传统的知识传授者与灌输者转变为学生学习的促进者、帮助者和监控者，甚至是知识研究、探索的共同参与者。

通过宣传、观摩、研讨等多种形式，让不同地区、不同类型的学校及教师、学生、家长真实地感受到信息技术与外语课程整合对于提高办学质量、

提升学生素质的作用，从而激发政府、社会、学校推进教育信息化，激发教师进行信息技术与课程整合的自觉性与积极性。采取"走出去，请进来"的办法，组织学校领导、教师到示范学校去考察、学习；请专家来校举办讲座，教授现代化的基本理论，请优秀的整合教师来指导学校的整合实践活动；利用教研活动组织教师观看同步课堂、优秀整合课案例，学习新的教育思想和教育方法，通过不断的教学研究与实践，把先进的教育理念转变成教学行为。

（二）运用多种教学方式

目前，比较流行的教学设计思想主要有"以教为主"的教学设计和"以学为主"的教学设计两大类。[①] 最理想的方式是将两者结合起来，取长补短，结合学生实际学习能力，综合运用，形成优势互补、"学教并重"的教学设计思想。例如，在教学过程中，教师可以利用任务驱动法。教师给学生布置任务，这些任务可以是具体的任务，也可以是真实的问题情景，让学生在解决问题的过程中学习。学生通过分组协作可提高解决问题的能力，形成合作意识。同时，教师既要组织学生开展协作学习，又要为学生提供个别化的学习机会。教师还要利用信息技术给学生提供开放的实践平台。对于同一任务，不同的学生可以采取不同的方法、选择不同的工具来完成，这种个别化的教学方式有助于发挥学生的主动性，激发他们学习外语的兴趣。

（三）发挥信息技术教学工具的功能

信息技术作为教学工具，包括演示工具、资源工具、辅助工具和探究工具等。教师可从现成的计算机辅助软件或多媒体素材库中，选出与自己课堂

---

① 宋虹 . 信息技术与课程整合 [J]. 黑河教育，2018（11）：83-84.

相关的内容，用于课堂讲解；也可编成讲演文稿、多媒体课件、图表、动画等形式，在教学过程中进行展示和创设教学情景，使学生在愉悦的氛围中获取知识。信息技术与外语课程的整合，不仅是把信息技术作为教学的工具，而是强调用信息技术构建一种理想的外语学习环境，以实现自主探索和自主学习的目的。

（四）构建有利于信息技术与外语课程整合的制度体系

实施信息技术与课程整合不仅要有物化环境，还要有与之相匹配的管理环境、人文环境，如建立示范学科、开展课题研究、改变评价体系、建立整合指导小组、开展竞赛活动和形成分工负责、分级管理制度等。

总之，信息技术与外语课程的整合，是提高外语教学效率的有效途径。信息技术应该在促进教师教学、学生学习和学生全面发展等方面起到积极作用，应改变传统的外语教学模式，进而大大推动外语教育改革的进程。

第三节　信息技术与高校外语教学的融合

一、信息技术与高校外语教学融合的内涵

信息技术与外语教学融合的内涵表现为外语教师将信息技术有机地纳入外语教学过程中，使信息技术与外语课程结构、外语教学内容、外语教学资源以及外语教学实施等融为一体，从而更好地完成外语教学目标，并提高学生的信息获取、分析、加工、交流、创新、利用的能力，从而更好地培养其协作意识和自主能力。

外语教育教学效果的实现是外语教育教学体系整体进行协调运作后的结果，因此，应将信息技术的优势作用发挥在外语教学体系的整体系统中，并使整体系统能够保持内部运行的协调性。

信息技术在外语教学实践中的融入，使外语教学实践的核心因素变为教学媒体、学生、教师以及教学内容四点，使教学规划、教学活动进程、教学活动目标都产生实质性改变。

二、信息时代高校外语教学模式构建

（一）课前准备

在上课前，教师要认真研读高校外语课程的学习要点，精准设立学习目标，通过移动学习平台发布学习任务，引导学生提前做好课程预习。同时，充分利用网络资源和学习类 APP，指导学生开展外语课程扩展阅读，使其能提早了解外语课堂学习的内容，深化其对外语知识的认识。外语教师还应该通过丰富有趣的课内外资源引导学生充分发挥学习主体的主观能动性，激发其学习兴趣。

（二）课中教学

针对不同主题的教学内容，教师要设计不同的教学活动，从而提高学生学习外语知识的兴趣。在课堂上，教师可利用移动学习平台、新媒体、云课堂等平台，借助头脑风暴、互动任务、在线提问等功能，通过外语主题演讲、人物扮演、小型辩论等方式，与学生开展有效的课堂互动，通过能提高学生积极性的学习方式和手段，调动学生的学习积极性，培养其独立思考和协作交流的能力以及团队精神和创新精神。在开展外语教学的过程中，教师还要注意强化学生对外语的兴趣。同时，在互动教学中巧妙增加教学任务的测试和考察内容，从而有效考核学生的外语学习效果。

（三）课后延伸

在课余时间，充分利用第二课堂作为课堂教学的有效延伸和有力补充。[①]教师应通过移动学习平台发布第二课堂学习课件及影片，以让学生在学习课件以及观看影片的过程中巩固课堂所学；应积极组织各类外语演讲、外语角等校园比赛；应使用"外语趣配音"等软件，引导学生开展听说训练，在趣味练习、教师点评、师生互动过程中不断坚定其学好外语的信心。

三、信息技术与高校外语教学融合中存在的误区

（一）误区一：唯"技术中心论"

一项新技术的问世，初衷往往是解决现有问题，或对现有解决方案的不足作修正和改善。在外语教学领域亦是如此，每种外语教学方法的出现都是在一定的时代背景之下，基于外语学科理论基础，为了解决特定的外语教学问题，信息技术的出现也不例外。最初，教师在外语教学中运用各类信息技术，以期解决现场课堂上师生互动、生生互动的不足，时间利用不高效等问题。然而，今天在"网"天下的环境中，外语教学对信息技术的痴迷让教师在"融合"过程中，不仅没有去探究语言学、心理学、教育学的基础理论，甚至时常忽略教学本来的目的及学生的需求。目前，信息技术与外语教学的融合路径可大致概括为：先拥有先进的教育技术（如各高校先完成基础设施建设，包括多媒体教室、实训室、校园网、网络教学平台等），接着将这

---

① 李培云．"互联网+"时代信息技术与高校外语教学融合发展创新研究 [J]．校园英语，2021（35）：17-18．

些教育技术应用在外语教学中（如要求教师使用信息化工具，利用网络平台推出线上课程等）。随后，将数字化课件的普及率作为教学评估的主要依据之一。最后，探索这些教育技术在哪些方面带来良好的使用感受，又能解决外语教学中哪些方面的问题。简言之，我们用外语教学去验证教育技术是否有施展之地。这种本末倒置的现象一直存在：在课程建设时，不少教师表现出盲目追求新技术的倾向，尽可能多地罗列各类新技术，不惜事倍功半，将"炫技"等同于教学"突破"。然而，忽略了"合目的性"的教育技术"融合"往往未能有实质性的成效，抑或根本有始无终。

当然，应该承认，信息技术为教学提供的丰富的素材、绚烂的色彩、能动的课程资源可以迅速吸引学生的注意力。但是，必须清楚的是，信息技术在课堂中只能起辅助作用，而不是课堂的主体。教师的板书在课堂中至关重要的，学生看多媒体演示仅仅是走马观花，而板书更能将知识进行整理，提炼教学重难点，并且板书的呈现时间更长，更能强化学生对本节课重难点的把握。

（二）误区二：片面地将"用"与"融合"等同起来

通过分析目前外语教学与信息技术结合的情况可以发现：部分教师对"融合"的理解还停留在"用即融合"的阶段，认为只要在教学中使用了信息技术工具就是融合了。

在课堂上，信息技术的应用主要是将课本内容多媒体化呈现（如播放课本配套音频、视频，用PPT播放讲义等）。课后，教师利用互联网及网络教学平台开展外语学习第二课堂（如制作录播课、上传讲义等）。然而，"出于什么教学目的去选择信息技术工具？""以何种频率使用信息技术最为适合？""如何与课程大纲，教学内容作协调，以期达到怎样的效果？"这一系列问题有待探究。而在今天的外语课堂上，教师对信息技术的使用呈现出随意性、零散性特征，对 PPT 的认知，始终停留在"传统黑板的替代物"。部分教师认为利用 PPT 向学生展示教学内容，可以省去板书的过程，从而大大节省了时间，也便于控制教学进度。但忽略了黑板板书的呈现具有及时性，在现场教学中，往往会伴有很多突发状况，在师生互动的过程中，也会产生许多即兴问题，这些都不是操作 PPT 可以解决的。或许，教师在使用信息技术时，考虑了学生的学习体验，但却未考虑如何与课程大纲、教学内容作协调。因此，信息技术与外语教学所呈现的是一种简单的并列关系，即信息技术作为一种"添加物"，以播放教学资料为主要目的被应用于外语教学中，而技术的潜能并未被转化为教学解决方案，在语言教学内容和课程中实现，教学效果以及学生对知识的习得方式也并没有发生质的改变。[①]

第四节　生态视域下信息技术与高校外语教学的融合

一、信息化语境下高校外语课堂生态失衡现象分析

（一）结构失衡现象分析

1. 组织结构比重失调

为了使外语课堂具有更高的教学效率，与教育改革齐头并进，外语教师都在尝试将传统授课模式转变为信息化教学模式。但是现代信息技术的不断发展，对原本稳定的外语课堂生态中的环境因子产生了很大冲击。外语教师

---

① 李梦. 信息技术与外语教学融合中的盲点与误区 [J]. 佳木斯职业学院学报，2022，38（10）：85–87.

在教学中大量引入现代信息技术，但是自身的信息技术水平还不够，导致学生无法适应新的教学环境，学习习惯无法转变。

2. 系统组织失谐

课堂生态系统中的各个组成部分都是相辅相成、相互存在的。在信息化这一大环境下，教师、学生、教学环境、教学管理、教学技术以及教学内容的失谐是系统组织失谐的主要表现。在信息化进程中，教师与学生之间不易达成共识，在学习中很难做到同步。有时教师采用计算机网络等现代化的教学手段开展教学，为了达到让学生高效快速学习的目的，而学生则认为教师挑重难点进行直接讲解能够快速应对考试，这样教师与学生的理念就产生了差异，进而可能导致师生关系失谐。

（二）功能失调现象分析

在信息化语境下，结构优化功能衰弱是外语课堂生态功能上失调的主要表现。现代信息技术在外语课堂中的大量使用，导致其课堂的生态系统也不断地进行自我调节与改变，产生了触动作用，已经渐渐超出了系统本身的自愈功能。长此以往，就会出现系统结构中的功能减弱，各组成部分的比重失调，难以达到生态平衡的标准。现代信息技术在外语课堂中的强势介入，导致外语课堂被带离了平衡区，不过外语课堂通过自身的作用，能够重新完成平衡的演化。

二、生态学视域下信息技术与高校外语教学融合的主要表现

（一）与基础设施的融合

在高校外语教育信息化进程的第一阶段，各高校致力于通过兴建语音

室、计算机房、多媒体教室等硬件设施，来进一步提升学生的听说能力，以适应大学外语考试的需求。同时，网络资源的规划、建设与共享也成为这一阶段基础设施建设的重心之一。在外语教育信息化发展的第二阶段，基础设施建设的重心已发展到基于语音室的网络教学平台、自主学习平台的建设。在信息技术的推动下，这些教学平台不仅共享教学课件，还可以连接其他的学习资源，为提高学生学习的自主性创造了条件。在第三阶段的高校外语教学信息化建设中，基础设施建设主要着眼于提升学生自主学习能力的网络与多媒体教学体系。

纵观基础设施建设和发展情况，理论上，基础设施因子与信息技术因子已进行了融合。然而，实际上，由于各地经济发展水平的差异，我国区域教育信息化发展存在一定的差距。北上广等经济发达地区的信息化基础设施较完善，而对于中西部地区、中小城市和地方性高校，提供并维持足够完善的信息化基础设施仍是持续性挑战。由于资金短缺，有些高校出现了语音室与多媒体教室硬件配置低、设备维护更新滞后等问题，这给常态化网络平台教学带来了负面影响，网络自主学习中心的建设与应用更是纸上谈兵。因此，基础设施因子与信息技术因子的深度融合在区域和校本层面有待进一步加强。

（二）与教学资源的融合

教学资源，顾名思义，就是教学可用资源，也就是为教学的有效开展提供的各种可利用的条件。

从广义上讲，教学资源涵盖了人力资源、物质资源和信息资源等诸多方面，包括能够促进有效教学的所有资源。

从狭义上讲，教学资源的概念根植于教育技术的媒体观，通常理解为应用于教与学过程的各种媒体设备和教学材料，如各类教学软件和教学传播系统等。

在信息化外语教学生态系统中，教学资源作为一个重要的生态因子，主要包括多媒体网络环境下所使用的课件、网络课程、精品（资源共享）课程、数字化资源库以及文本、图片、音视频等各种信息资源。随着外语教育信息化的推进，各高校积极建设网络课程、精品课程、资源共享课程等，实现教学资源因子与信息技术因子的融合，以提升教师的教学效果和学生的学习效果。

当前，高校外语教学资源建设存在如下问题：资源建设缺乏统一规划，资源配置失衡；优质教学资源短缺，生态化教学资源匮乏；重复性建设严重，共建共享机制尚未形成。换言之，由于区域性差异与属性差异，各高校外语资源配置不均衡，外语教学资源建设缺少统一规划。高校之间各自为营，教学资源重复建设，缺少教学资源的共建、共享机制。

（三）与教师素养的融合

教师素养，又称为教师专业素养，是对以教师作为专门职业的从业人员的要求，是教师拥有的有关教学的知识、能力和信念的集合。[①]教师素养是以一种结构形态存在的，是从教师必须承担一定的任务或担当一定的角色出发的，是教师作为专业人员在教学工作中应该具备的专业要求，是顺利进行教学活动的前提，是教师专业发展的重要组成部分。

外语教师作为教学活动的主导者、教学理念的实践者和教学策略的执行者，其素养与能力对有效信息化教学的实现是至关重要的。外语教师素养除了涵盖专业知识、学科教学方法外，还应包括信息技术能力，即将信息技术

---

① 刘坤 . 高校教师素养研究 [J]. 长春师范大学学报，2019，38（1）：142–145.

与外语教学融合的能力。然而，高校外语教师信息技术素养普遍不高，信息技术的低效使用、过度使用和滥用现象屡见不鲜。一方面，有些外语教师错误地将信息技术等同于多媒体课件，授课时仍采用传统灌输式的教学方式，信息技术并未充分发挥其应有的作用；另一方面，有些外语教师追求技术革新，尝试制作微课、慕课等教学资源，在课堂教学中使用学习通、雨课堂等智慧教学 APP，却忽略了技术在教学中的有效应用，导致信息技术与外语教学的融合浮于形式，无法切实提升学生的学习效果，这使信息技术成为课堂教学的一个装饰，无法发挥其革命性影响。由此可见，作为信息化外语教学生态系统中不可忽视的生态因子，高校外语教师的信息技术素养有待进一步提高。

（四）与教学方法的融合

随着现代社会的发展及时代需求的变化，教育领域的变革刻不容缓，因其肩负着为国家、民族、社会培养人才的重任，国之大计在教育。而其中最重要的就是教学方法的改革，同样的教学内容辅之以不同的教学方法效果会截然不同。

所谓教学方法，就是教师基于教学目标在教学活动中采用的合适的教学模式与教学方法。当信息技术引入高校外语教学课堂时，外语教师需要反思如何利用信息技术来创设信息化的学习环境，以及设计信息化的教学活动和教学内容，从而真正实现以学习者为中心的个性化和自主化的外语教学模式。但遗憾的是，在部分高校，外语教学方法与信息技术融合的现状并不乐观。

一方面，"以教师为中心"的传统外语课堂仍普遍存在。由于受到自身信息技术素养、班级规模、教学任务等因素的制约，许多外语教师不愿意应用信息技术来提升教学质量，即使制作了微课、慕课等教学资源，也不知如何与教学活动有机结合，导致课堂教学效果不佳，无法真正地有效调动起学生学习的积极性和自主性。

另一方面，个性化外语教学难以实现。有些教师虽深谙信息技术对高校外语教育的革命性影响，也努力尝试基于网络教学平台开展线下教学，并利用大数据技术分析学生的学习行为，从而实现个性化教学，然而各平台设置的诸多权限给这些教师的实际教学增加了不少困难。另外，测评方式与教学模式的矛盾，也阻碍了信息技术与教学方法的进一步融合。

三、生态学视域下信息技术与高校外语教学融合的策略

（一）加强学校信息化生态建设

"互联网 +"以融合云、网、端于一体的万物互联为中心，通过以虚实融合使教育服务虚拟化、以实时通信使教育供给社会化、以数据智能使教育需求个性化为途径，为重组学校教育提供了新的可能。[①]作为高校信息化外语教学生态系统中的一个有机体，学校具有复杂、多维、动态的生态环境。只有加强学校的信息化生态建设，才能确保该生态系统中各生态因子的同步发展和相互融合。学校信息化生态建设涵盖制度生态建设、基础生态建设和人文生态建设三个层面。

制度生态建设包括高校外语教育信息化发展规划、信息化教学管理机制、信息化规范与标准、信息化考核与评价等，是高校信息化教学可持续发展的重要保障。

基础生态建设指基础设施和教学资源的建设。在基础设施方面，各高校应投入资金维护与更新语音室、多媒体教室、口笔译实训室等网络设施，确

---

① 赵呈领 . "互联网 +"时代的教育变革 [J]. 中国德育，2018（19）：48—52.

保常态化网络多媒体教学。同时，完善校园网络和网络学习中心建设，当各高校能够为学生提供移动性的基础设施和无处不在的信息化学习环境时，学生才有可能开展信息化外语学习。在教学资源方面，各高校应充分依托区域外语教学资源共享平台开展外语教学，避免资源的重复建设，同时，集中力量开发建设能凸显本校特色的优质外语教学资源与软件。

人文生态建设要以提升教师群体生态机能为宗旨，通过成立教师职业发展与研究中心、健全教师信息化培训机制、考核教师信息化素养等措施激励教师更新教学理念和教学方式，提高教师运用信息技术的能力。

（二）加强课堂信息化生态建设

随着教育信息化的发展，信息技术不断融入外语教学过程，其帮助教师维系了教学的连续性，实现了线上线下教学的等质同效，彻底地改变了传统教学的形态。与学校信息化生态建设相比，课堂信息化应用是信息技术与外语教学融合的核心。

首先，信息化外语课堂要体现自主性。一方面，教师教学的自主性体现在用好"活书"（立体式教材与网络资源）、选好资源、设计好虚拟环境和信息化教学。当然，这种自主性是以教师具备一定的信息技术素养为前提的。另一方面，学生学习的自主性表现在学生可以利用智能移动终端，在任意时间和地点自主选择教师分享在网络"云端"的教学内容与资源，并进行学习，不再受到时空的限制。

其次，信息技术为外语教学创设了一个多元互动的生态环境。在这个环境中，学生通过师生互动、生生互动，甚至人机互动的形式体验真实的语言世界，外语学习不再是枯燥记忆、被动接受，而是灵活应用、思想碰撞。即使在课外，交互式的外语学习也不受任何环境因素影响。

最后，信息化外语课堂能够改变学生的学习方式。基于技术创造出的虚实结合的智慧教育生态，从根本上改变了学生的学习方式，使学习"随时能学、随处可学"。一方面，教师运用虚拟现实技术创设的情景化虚拟学习空间，能使学生在真实情境中获得临场感，进而产生较强的情感共鸣。另一方面，虚拟空间的网络学习方式，能让学生恰当地选择学习空间，获得个性化的教育服务。而且，外语教师也可以基于教学平台提供的大数据来评估学生的学习行为，从而实行个性化的教学。

第五节　信息技术嵌入高校外语教学各环节

一、信息技术嵌入高校外语教学课前定位环节

（一）确立科学的教学目标

随着高校的大规模扩招，高等教育已从精英教育转变为大众教育。然而，大学管理相对宽松，这让大学生的课余时间变得自由灵活，会有大把可以自由支配的时间。需要指出的是，大学生的生活和学习与初中、高中时并不一样，到了大学阶段，大学生需要更加自主地管理自己的学习和生活。没有了教师的指导，许多大学生无法树立明确的学习目标，这导致他们在学习中出现了一系列问题。

数字化背景下教学目标的选择，需要先考虑教学的核心内容。[1]高校外语教学侧重于学生对知识点的理解与掌握，教师可以选择合适的教学模式提

---

[1]　刘季陶.数字化背景下信息技术和大学外语教学的深度融合[J].电子元器件与信息技术，2023，7（3）：243–246.

高教学效率。在素质教育政策引导下，教学工作的主要目的是促进学生综合实践能力的提升，教学流程以交互式教学为主，教学核心是引导学生养成良好的学习习惯和正确的学习态度。因此，教师需要加强学生的情感体验，引导学生树立正确的价值观念，根据不同的课堂教学目标选择不同的教学模式。教学目标主要分为基础理论知识和实践探究活动两个方面，根据教材内容制定教学主题，围绕教学主题选择教学方法，根据教学方法总结教学成果，综合评价学生是否达成阶段性的教学目标，再通过阶段性教学目标的达成情况，不断调整长期的教学发展目标。每个教学环节之间都具有一定的关联性，信息技术需要应用到高校外语课堂教学的全过程中。

（二）了解学生的学习现状

现代外语教学研究越来越重视外语学习者在外语教学过程中的主体地位和个体差异。学习风格作为学生个体差异的主要表现形式，贯穿于学生的整个学习过程，对学习者学习效果有极大的影响，因此，了解学生的学习风格十分关键。学习风格也是学生学习现状的一大表现。此外，学生的学习动机、态度等也会将其学习现状展现出来，外语教师应该格外关注。

外语教师可以采用微信这一调查工具实时了解学生对外语基础知识的掌握情况，并根据最终的数据分析结果，不断调整教学方案，制定出具有针对性的教学计划，保证课堂教学成效。教师应根据学生的实际特点制定人才培养计划，根据学生当前的认知能力采用具有针对性的教学模式。若学生具备良好的外语知识应用能力，那么，教师在教学讲解过程中可以选择交互式教学，也就是利用微信或者外语 APP 构建深层次教学体系。教师需要清楚的是，信息化教学重视教学模式的合作性和探究性，以学生自主学习能力的提升为主要目标，因此，教师必须利用信息化手段全方面掌握学生的学习现状。

（三）做好课前预习工作

学生在学习之前进行有效的课前预习，可以使课堂教学达到"事半功倍"的效果。当前，教学中课前预习存在目标不明确、内容一刀切、缺少指导与检查、缺少衔接等问题。为提高课堂效率，教师应转变观念，重视学生的课前预习，上好课前预习指导课，精心设计并布置预习作业，重视预习的检查与巩固，帮助学生养成良好的预习习惯，从而为高效课堂奠定基础。

数字化手段能显著提高学生的课前预习质量与效率。因此，外语教师应该有意识地鼓励学生在课前预习阶段使用数字化手段。数字化手段能将学生的自主学习、小组合作学习与课堂学习结合起来，能将课前和课中的学习有机地联系起来，也能减轻学生的课堂学习负担。例如，外语教学过程中的词汇是一切教育工作开展的基础和前提，也是学生深入学习的重要依据。因此，教师可以设置词汇预习作业，让学生围绕特定的教学主题，在信息化教学平台上自主下载与教学主题相关的外语词汇音频与视频，通过听音频、看视频，学生就能了解单词的发音和词汇在句子中的应用规律。学生可以提前查询词汇的发音、拼写和应用，将个人在预习阶段的问题和收获，通过信息化教学平台上传到预习模块，并与其他同学或教师展开综合探讨，这能为其后续的知识学习奠定基础。

二、信息技术嵌入高校外语教学课中实践环节

（一）挖掘丰富的教学内容

深入研读教材，是教学走向深刻的前提；探究教学内容，是引导学生有效学习的制胜法宝。教师要探究外语教学内容，课堂上基于学生的实际生活创设教学情景，适时采取变静为动、变单为众、变繁为简等策略，让学生思

考有灵性、思维有活力，最终实现学生外语学习思维的发展，促进高效外语课堂的构建。

在数字化背景下，教师应通过信息技术拓展教学内容，改变单一化的教学模式，增强外语课堂的互动性。比如，可以利用多媒体技术进行直观多样化的情节演示，使外语知识变得更加生动，从而刺激学生的感官，使其更加自主地学习外语知识。在信息化时代，教师可以借助国内权威的知识共享平台下载原创教程，从而拓展学生知识获取渠道；通过主题资源网站、教学软件将教学内容整合到一起，生成形式丰富的教学材料；鼓励学生通过网络终端自主查找学习资料，使其能脱离传统课本内容的束缚，主动借助互联网技术获得无限的学习资源。

（二）加强师生互动

信息技术与高校外语教学深度融合的目的之一在于加强学生的学习动机，增强教学的互动性，实现对知识内容的实时更新，加强师生、学生之间的交流互动。

在线学习是信息技术给传统外语教学带来的一大改变，教室不再是学习发生的唯一场所。在这种模式下，学习者可以进行在线自主学习，能与教师和同伴处于一种时空分离的状态，这样，师生和生生之间的人际交互似乎消失了。但事实上在线学习并没有抛弃人际交互，而是通过信息技术将其融入学习的全过程，只是不像课堂交互那么直接。[①] 交互分为学习者与教师的交互、学习者之间的交互以及学习者与学习内容的交互三大类。在在线学习情景下，这些层面的交互依然发挥着决定学习效果的关键性作用。一方面，在基于资源的自主学习过程中，各种交互实际上都是通过学习者与学习资源的

---

① 葛军.信息技术条件下外语教学中的变与不变[J].高等教育研究学报，2018，41（4）：99-105.

交互而产生，学习资源作为学习内容、学习活动等要素的载体，将预期的师生交互环节内置于学习资源之中；另一方面，在线学习并不只是观看资源和完成习题，还包括在线答疑、在线讨论、在线协作等师生、生生互动等，这些互动对于学习目标的实现至关重要，也是信息技术促进人际交互的优势所在。信息技术实际上扩展了互动的时间和空间，为外语教学中的人际互动创造了优异的条件，使其在外语知识建构过程中发挥更大的作用。

随着学生认知能力的增长，其不再满足于课本教材。因此，教师需要灵活地采用信息技术调整教学流程，以满足学生的个性化发展需求。教师应通过互动体验的方式构建难忘的教学课程体系，激发当代大学生学习主动性，使其能总结个人的学习经验。教师应将教学互动作为信息化外语课堂设计的重要环节，利用一切可能的信息化工具，如微信、抖音、微博等，加强与学生的互动，进而提高外语实践教学的成效。

（三）建立数字化教学平台

在数字化背景下，信息技术与外语教学之间的深度融合，需要数字化教学平台的助力。数字化教学平台模式不同于传统教育的课堂授课、课后作业的模式，而是一种可以先学后教的模式，是互动式、自主性、个性化的教学模式，比传统教育更有利于提升学习质量和教学质量。[①]

数字化教学平台模式的优点包括：

（1）教师可充分发挥计算机技术、云计算技术、大数据技术、人工智能技术的应用优势，为学生创建一个理想的学习环境；改变了传统的外语教学结构，运用软件工具搭建了虚拟化的外语交流场景；通过多媒体演示、图片、图像、音视频等多种形式分步骤进行知识的讲解，从而为学生带来直观

[①]　陆放．"互联网＋"数字化教学平台的设计与实现[J].中文信息，2022（3）：194–196.

的情感体验。这样，师生之间的互动更加有效，学生能自觉地开展自主学习活动，甚至能掌握信息获取、信息处理的技巧和方法，运用现有的外语知识解决实践问题。

（2）教师可将学习过程可控与自定步骤结合起来。在数字化教学平台上，教师可以设置以周为单位的学习进度安排；也可以设置闯关模式进行学习，学生必须完成当前任务才能进入下一个阶段的学习；同时可以设置提交作业的时间，超期则无法提交；平台可基于学生的学习行为对其进行学习指导与过程控制。这样，学生可以在固定的时间段内开展自定步骤的个性化学习，培养学习的自主性和主动性。通过过程控制，学生可以了解自身的学习情况，也能促进其对课程内容的理解。教师也能了解学生的学习进度，并对其学习进行精准干预。

三、信息技术嵌入高校外语教学课后总结环节

（一）课后实践作业

课后作业是帮助学生检验学习成效、巩固所学知识、提升思维能力的有效手段，也是驱动学生自主学习的关键路径。[①] 教师要减轻学生的作业负担，就要在减少作业数量的同时，提高作业的质量，这样才能真正实现"减负、提质、增效"的目标。有效的课后作业不仅可以帮助学生巩固课堂所学知识，检验学生的学习效果，还可以深化学生的思考，培养学生的思维能力。

数字化背景下的高校外语课后作业不再是学生简单地完成习题，大学阶段外语课程的课后作业应以写译应用、情景交流为主。但是，教师的教学任

---

① 张慧敏.如何布置高效的英语课后作业[J].江西教育，2023（27）：22–23.

务繁重，很难投入足够的精力对每一位学生的外语作品进行点评。借助网络信息平台辅助完成听、说、读、写、译任务，能够直观地了解学生的学业水平。教师可以通过网络平台调整评价顺序，采用网络系统自动评价的方式，找出一些明显的用词错误，然后利用互联网学生互评的评价方式，引导学生互相批阅与评分，最后再由教师将带有争议的部分作为互动评价的核心评价审阅。这样不仅能够减轻教师的工作量，还能够让学生在互评阶段取长补短。

（二）课外教学整合

外语不仅是一门语言，更是一种文化、一种交流工具。外语学习完全依靠课堂，无异于画地为牢，会弱化学生外语学习的效果。

信息技术具有开放性、个性化、互动性、选择性等特性，可以实现学生自主学习的碎片化管理。碎片化学习是一种自主学习的过程，在没有教师指导的情况下，学生很容易丧失对学习的兴趣，从而导致中途放弃。因此，为了强化大学生的学习动机、提升学习效率、提高学习系统的用户黏性、激励学生持续自主学习，应该建立一种评价制度。

信息技术的应用能够为学生提供网络交流与评价的途径。比如，建立教师监督辅导平台，教师可以通过平台邮件的方式发放调查问卷，以了解学生当前的学习情况，有针对性地进行教学内容调整，适当地对学生的疑问和重难点知识进行补充和替换，激发学生对后续学习内容的兴趣。同时，教师还可以通过网络平台监督辅导系统，对学生的课外问题提供必要的指导。

第三章　基于多样信息技术的高校外语教学

信息技术是现代社会经济发展的重要推动力，在社会各领域的自我革新中发挥着重要的技术支撑作用。在国家经济发展步入新常态阶段的大背景下，外语教育领域也必须与时俱进地进行创新发展，为社会经济建设输送所需要的具有综合素质的复合型人才。

第一节　基于多媒体技术的高校外语教学

一、多媒体教学在高校外语教学中的优势

（一）多媒体教学能够补充教学方式，丰富信息来源

传统的教学方式主要包括课堂讲授、测验及实验等。在传统教学中所有的信息传播一般只是借助于文字和图像。多媒体教学提供了多模态的教学方式，如果将多媒体作为一种高效的手段引进教学，则能够在教学过程中同时

利用多种方式（文字、声音、图像、动画等）进行信息传播，这在一定程度上补齐了传统教学方式的短板，活跃了课堂气氛，又丰富了信息的来源。

（二）多媒体教学能够简化教学内容，加快教学进程

多媒体教学内容丰富充实、形式形象生动、图文声像并茂，因而更具吸引力。在教学过程中如果能有效地利用多媒体手段，既能使教学过程变得轻松和有趣，又能加快教学进程。多媒体技术引入教学能够借助丰富的教学方式把一些抽象的理论知识具体化、形象化，简化教学内容。比如，在讲授语法的时候，如果只是按照书上所叙述的一条一条进行理论讲解，学生只能记住生硬的理论，但如果在讲解的时候将这个语法点做成一张多媒体课件并用表格来对比讲解，效果就会好得多。

如果讲解的时候借助于这样的多媒体课件，可以让学生对语法点有直观、深刻的认识，理解也就更容易一些，掌握得也会更好一些。再以阅读课为例，阅读课文中有关于节日的文化背景知识，书上只是介绍了这个节日一共持续 7 天，每天都是什么样的活动。如果教师在讲解时利用多媒体在简单地讲解课文内容之后直接给学生播放一些关于这个节日的录像或纪录片，这样既使老师的讲解变得轻松，又可以调动学生的兴趣，加深其理解。所以说，多媒体教学可以简化教学内容，加快教学进程。

（三）多媒体教学能够调动学生的学习动机，提高学习兴趣

动机对个体的行为和活动有指引、激励功能。大量研究表明：动机在学习过程中起着重要的作用，是学习活动能否顺利进行的关键因素。学习动机指的是学习活动的推动力，又称"学习的动力"。学习动机是直接推动学生进行学习活动的内在原因，是激励和指引学生学习的一种需要。学习动机可

以分为内部学习动机和外部学习动机，这是根据学习动机的动力来源而分。内部动机包括学生的求知欲、学习兴趣、改善和提高自己能力的愿望等内部动机因素，这些因素会促使学生积极主动地学习。也就是说，内部动机是指由个体内在的需要引起的动机。内部动机可以促使学生有效地进行学校中的学习活动，具有内部动机的学生渴望获得有关的知识经验，具有自主性、自发性。外部动机是指个体由外部诱因所引起的动机。例如，某些学生为了得到教师或父母的奖励，避免受到教师或父母的惩罚而努力学习，他们从事学习活动的动机不在学习任务本身，而在学习活动之外。

与传统教学方式比较，多媒体技术集声音、图像、文字、动画于一体，能够同时利用各种方式传播信息。多媒体教学突破了传统的"教与学""以教为主，以学为辅"的教学模式，在传统的教学中教师起主导作用，学生作为被动的听众来接受老师讲授的信息。而将多媒体技术引入教学能够为教学提供一种新型的教育教学模式，多媒体教学内容丰富多彩、形式新颖活泼、图文声像并茂，更具美感、更加灵活的授课方式为教师和学生提供了崭新的教学手段和辽阔的学习空间。一方面，利用多媒体能够为教师提供更丰富的教学内容；另一方面，多媒体技术也能以直观、具体的方式提高学生的兴趣，调动学生的学习动机，帮助他们系统地学习知识，培养学生独立思考的能力，使学生们在教学过程中完成角色的转变，由被动的听众变成学习活动的重要参与者。因此，多媒体技术在提高学生学习兴趣，调动学生学习动机方面起到积极的促进作用。

（四）多媒体教学能够有效提高教学质量，提供更多实践机会

鉴于多媒体教学在丰富教学内容、简化教学过程，加快教学进程、调动学生学习动机，提高学习兴趣等方面的优势，多媒体被认为是提高教学质量的有效手段之一。具体主要体现在：

多媒体教学的最大特点就是利用计算机网络环境，集声、文、图、像于一体，充分利用现代科学技术，创设学习环境，营造课堂气氛。多媒体技术为学习者提供了更加丰富的信息传播手段，突破了信息传播过程中时间和空间的限制。多媒体技术作为一种教学手段，学生和教师可以根据其提供的各种信息传播方式进行学习和教学，这样可以使学习者的学习得到延伸，获取知识的来源和容量更加丰富。同时，利用多媒体技术也能节省教师讲解知识点和书写板书的时间，充分调动学生的学习动机和积极性，加快了教学进程，增加了课堂讲授的信息量，为学生提供了更多自主学习和实践的机会，这对于提高外语教学的效果十分有益。

二、多媒体技术在高校外语教学中应注意的问题

（一）避免过度依赖课件展示

从课堂而言，教师外语教学过程中要避免过度依赖多媒体。[①] 教师应把多媒体由讲解演示的工具转变为学生认知的工具，避免仅仅把多媒体技术作为一种播放工具或用来展示知识内容的观念。有些老师过于追求多媒体的音响效果，在多媒体中插入鼓掌声、怪声或过多的音乐，不仅无助于强化教学效果，反而妨碍学生思考，干扰正常教学；有的老师追求华丽的界面，采用亮丽、鲜艳的色彩或与教学内容无关的画面，会冲淡主题，分散学生的注意力，影响学生听说。同时，有些教师过多甚至满堂课都使用投影仪，没有教师与学生的互动与交流，把课堂教学从传统的"一言谈"变成现代教学技术伪装下的"屏幕谈"，这是不可取的。

---

① 李丽娟，任春.多模态话语理论下多媒体技术在外语教学中的理性运用[J].经济师，2022（8）：203–204.

（二）正确处理多媒体技术与传统教学活动的关系

多媒体只是诸多教学要素中的一个要素，它必须服务于教学。如果本末倒置，过于迷信或夸大多媒体的功能与作用，不考虑教学实际情况，为了使用多媒体而使用多媒体，那么不仅浪费人力和物力，而且难以取得应有的教学效果。提倡多媒体化教学并非要否定传统的教育模式，把二者对立起来是不可取的，多媒体技术不可能完全取代传统的教育模式，应将教师的课堂讲解与多媒体课件教学交替进行。运用多媒体技术辅助教学是未来发展趋势，但是外语教师仍然需要掌握良好的基本教学技能，给学生树立良好的榜样和模范，激发学生的求知欲与探索欲。

（三）合理利用网络资源

面对网上排山倒海、浩瀚无边的信息资源，不是所有学生都可以保持冷静的头脑，具备独立分析与判断的能力。在学生进行独立学习和口语训练的时候，会有很多干扰，或者学生不能合理、充分地利用这些资源，这样反而影响学习效果，降低学习效率。从学生学习过程和结果来看，网络教辅资源并没有真正发挥价值。因此，教师应当给予学生正确的引导和督促。

三、基于多媒体技术的高校外语教学提升的策略

（一）激发学生的学习兴趣，加强师生之间的互动与交流

在运用多媒体技术进行高校外语教学的过程中，授课教师必须结合西方国家的风俗文化实际，尽量多播放一些外语原音或者视听图文资料，让学生在多媒体教学中充分感受到西方文化的特色与外语语言的交际氛围，开阔学生的视野，进一步激发学生的学习兴趣与学习热情，将多媒体教学真正落实

到位。除此之外，授课教师还应该在高校外语教学过程中运用多媒体技术来加强教师与学生之间的交流与互动，通过多媒体教学进一步活跃课堂氛围，增强学生对外语知识课堂学习的参与程度，有效提高学生的自主学习能力与学术探究能力，从而大大提高外语课堂的教学质量与教学效率。

（二）把握适当的课堂知识讲授量，加强教师的课堂主导地位

在运用多媒体技术进行高校外语教学的过程中，授课教师必须保证备课充分、扎实，熟练把握外语教学内容的重难点，讲授适当的课堂知识量，加强教师的课堂主导地位，进一步理顺教师、教材与多媒体教学之间的关系，在最大限度发挥多媒体技术的基础上，注重提高学生对外语知识的消化吸收能力和接受理解能力，在课堂上给予学生足够的思考和探究时间，从而保证学生通过自身钻研而掌握全面的外语语言知识，进一步优化外语课堂的教学效果与教学水平，确保实现高校大学生的外语教学计划与课堂目标，以力求有效推进多媒体技术在高校外语教学中的普及应用。

（三）统一教学课件的制作风格，避免过分渲染课件设计形式

在高校外语教学过程中，外语授课教师必须结合多年的教学经验与教学实践，统一多媒体外语教学课件的制作风格，力争设计出独具特色的教学方法与多媒体教学课件，避免过分渲染多媒体教学课件的设计形式，过分花哨的教学课件往往容易分散学生的上课注意力。外语授课教师在制作多媒体教学课件的过程中，必须充分发挥多媒体教学图、文、声、像并茂的特点，将静态、呆板的教材和板书改变为动态、丰富多彩的外语教学情景，尽量多链接一些经典的外文电影或者外文学习网站，争取创作出符合高校外语教学特色和课堂要求的多媒体教学精品课件，有效推动多媒体技术在高校外语教学

中的应用与发展。

（四）加强对数字多媒体语音室的科学管理

面对大学外语教学改革不断深化的态势，数字多媒体语音室在高校外语教学中的重要地位不断提高，原有的管理模式制约了语音室在教学中发挥作用，并影响了大学外语的教学改革，因此需要加强对语音室的科学管理。

1. 加强数字多媒体语音室实验设备管理

加强对多媒体语音室设备的管理和维护，是管理好语音室的重要环节和重要手段。

第一，语音室管理人员应该积极参加岗位技能培训，重视知识、技术的更新和学习，熟练掌握各种仪器设备的使用方法和操作规程，并了解各种设备的维修和保养知识。

第二，加强设备的日常维护管理，减缓设备的折旧和损耗，延长设备的使用寿命。尤其要注意那些易出故障的薄弱环节，比如，针对计算机系统崩溃而引起的启动问题，应及时安装系统还原软件并及时备份健康系统，以便及时一键恢复系统；计算机要安装防病毒卡和正版杀毒软件，定期扫描和查杀计算机系统的病毒。

第三，建立语音教学设备的日常检查和定期检查制度。比如，每个工作日课后认真听取任课教师和同学的反馈，并查看使用记录，及时解决存在的问题，维持正常的教学；每周进行例行检查和调整，保证各项设备的功能始终处于良性的工作状态；每学期安排 1~2 次集中检修，如在开学前或学期结束后由设备厂家的售后服务方技术人员或者由经招标合格的维修公司负责，进行语音室所有设备的专项检修。①

———————

① 吴阿娥. 高校多媒体语音室的管理与利用 [J]. 电脑与信息技术，2022，30（5）：28-31.

第四，学生固定座位上课，把每一门课的学生座次表在第一次上课时安排好，以后不得私自调换座位。一方面，方便管理课堂秩序；另一方面，让每一位学生填写实验设备使用记录，方便今后万一设备出现故障时，能及时排查原因，扫除故障，也方便追究人为损害造成破坏的责任人。

第五，建立档案管理制度，做好语音室设备的技术资料收集和整理工作。比如，语言实验室的安装调试手册、使用维护说明、技术光盘、教师和学生使用记录、设备维修记录等，对各类故障的原因及解决方法进行归类并记录，以便及时排除设备故障。

第六，加强语音室环境管理，由于语音室所要求的教学环境不同于一般教室，实验设备需要防干扰与污染，因此必须切实做到以下几点：保持语音室干净卫生，进入实验室必须换鞋或穿鞋套；保持语音室自然通风干燥，在空气潮湿季节可利用空调干燥模式或抽湿机及时降低室内湿度，以免仪器设备受潮短路造成破坏。

2.建立数字多媒体语音室管理制度

一是建立和健全各项管理规章制度，使语音室各项工作制度化和规范化。制订行之有效的管理制度能够充分利用和发挥多媒体语音室的各项功能，保障外语教学活动的有序开展，为人才培养发挥应有的作用。根据学院和专业的特点，需要建立的规章制度包括但不限于：《语音室的日常管理和维护细则》《语音室管理人员的岗位职责》《语音室使用人员技术培训和考核制度》。在健全制度的基础上，将这些制度装订成册，让管理人员、教师和学生认真学习，使他们更加深刻认识和理解多媒体语音室的各项制度、操作规范和注意事项，保证责任要落实到人、落实到每一个环节。

二是建立多媒体语音室管理技术人员的激励机制。一方面，在制定学院激励机制政策时，要充分考虑到语音室管理技术人员和专任教师的平等性，在职务津贴、职称晋升、进修深造和教学生产实践经费使用上都要与一线教师同等待遇；另一方面，要定期评选先进语音室和先进个人，定期召开经验交流会。激励机制的建立能激发语音室管理技术人员的工作积极性、主动性和创造性，只有这样才能高效发挥语音室的功能和作用，不浪费投入的教育资源。

第二节　基于大数据技术的高校外语教学

一、大数据技术在高校外语教学中的价值

（一）大数据技术优化外语学习过程，实现个性化教学

个性化教学能最大限度发挥学生潜能、提高学生学习动力、维持良好的学习习惯，对提升学习效果具有积极的意义。个性化教学一直是我国外语教育领域的不懈追求；教育部颁布的《大学英语课程教学要求（试行）》（2004年）到《大学英语教学指南》（2017年）都把确立多元教学目标、体现个性化教学理念、提供多种学习选择作为其核心观点和任务。但受制于传统教学模式的局限，个性化指导和评价机会有限，个性化教学效果不理想。信息技术新时代，教学模式以学生为中心，使其成为学习过程数据的生产者、使用者和受益者。通过学习过程大数据，可以完善个性化学习者档案、分析和预测个性化学习行为、进行以数据驱动的教学决策和个性化学习辅导；自适应学习系统能根据学生的学习数据预测其性格特点和喜好，推送符合学生兴趣爱好和级别的学习材料，构建个性化的知识和能力体系。比如，在慕课或精

品资源公开课中，平台可以收集学生的所有学习数据，大数据与云计算的结合使教师可以通过对数据的分析掌握学生在教育资源库上的操作痕迹，如通过点击流了解学生学习动态需求，了解不同学生的学习风格，提供不同的学习支持，进行及时、有针对性的干预和帮助。

（二）大数据技术深入分析外语学习者特征，掌握学生学习动态

根据第二语言习得理论，学生个体差异，如年龄、学习风格、动机、学习目标、元认知等会影响语言学习的成效。传统的教学研究只能利用获取的随机抽样数据，用统计手段进行推断，过程复杂，研究结果存在误差，影响后续教学干预的准确性。信息网络技术可以采集微观的学习过程数据，包括学生的基本信息（姓名、性别、年龄、专业等）、学习行为日志数据信息（如学生在哪段视频上停留了多少时间、阅读某篇文章花了多少时间、浏览先后顺序、作文写作经历了怎样的修改过程等细颗粒度的行为）、兴趣偏好信息（语言技能类、文化类、应试类等）、认知行为信息（视觉型、听觉型、冲动型、稳重型等）、学习结果信息（作业成绩、测试成绩、自评成绩、互评成绩等）；教学过程由以前的不可量化到如今的可量化。[①]

（三）大数据技术精准捕捉教学要素之间的互动，拓宽交流广度

互动是外语学习的普遍特征，也一直是国内外研究者和教师关注的热点。大数据时代，以社交媒体为特征的技术能记录学生与学习内容、环境（包括虚拟环境和 AI 机器人）、同伴和教师之间复杂的交互过程产生的大量数据。例如，在慕课平台上选择同一门"跨文化交际"课程的数以万计的学生可以通过网络社交平台进行积极的讨论，教师也可加入引导讨论的方向和

---

① 黄敏. 大数据在外语教学中的价值、来源与技术分析 [J]. 外国语文，2021，37（3）：131–137.

内容，交流的广度和深度前所未有。对其产生的庞大数据进行社交分析、内容分析后，可以精准掌握互动的模式、频率、范围、内容等。

（四）大数据技术能简化外语学习评价方式，克服经验式评价的弊端

在传统教学中，对学生学习过程情况的收集复杂、低效。而在教育技术新时代，学习者在学习平台上的学习过程数据能被终端记录并存储下来，为教师评价提供了最直接、最客观、最准确的依据。同时，基于大数据建立的考试网络空间能使学生在虚拟环境中与 AI 机器人进行对话，系统根据设定的评价指标给出评价分数，克服了以往教师靠经验和主观判断评分的局限性。

二、基于大数据技术的高校外语教学的转变

（一）教学与学习环境的转变

目前，高校外语教学的教学设备和条件得到极大的改善，各种新的教学方法和手段也应运而生，如微课、翻转课堂等的出现，迫使教师必须提升自身教学技术的应用能力。大数据的应用使校园和课堂模糊化、虚拟化，课堂教学时间减少，而学习时间的随意性、碎片化成为普遍现象，高校建立了广义的课堂学习模式。师生当面交流时间大大减少，网络视频互动大幅增加，这种方式增加了师生交流的频率和增进了感情，更能有效提升教学效果。生生互动也更加多元化，利用网络，使用 APP 建立各种学习小组或社团，学生可以与兴趣一致的同学一起讨论，共同进步。作为学习语言的学生，不必再为找不到外教无法练习口语而烦恼，只需打开网络平台，输入关键词搜索，就可以与外国友人进行语音或视频聊天，练习所学语种，使语言学习变得有趣、高效。教与学的环境转变，延伸和模糊了校园和课堂的界限，将各种教

与学的要素关联在一起，超越时间与空间的限制，促使慕课等新事物的诞生，学习质量和学习体验感大大提升。

（二）教师角色转换与职能更新

在大数据时代的外语教学中，教师的职能和角色要重新定位，以教师为中心的课堂成为历史。师生角色是开放的，同伴互助、教学相长。教师作为课堂教学的组织者与引导者，要对教学对象的学习方式和学习习惯甚至学生的个性特点等有清醒的认识，同时要熟知教学资料，并根据以上的相关要素，为学生提供相应的网络视频等。大数据为高校外语教学提供了海量的信息资源，如何取舍并找到最适合学生的教学材料，将是授课教师面临的难题。

首先，教师必须成为资源的整合者而非提供者。要充分挖掘学生的个性特点，用多媒体和网络形式为学生展示最优质的学习资源，如翻转课堂、微课。其次，教师要培养学生科学的学习习惯，使学生有语言学习的兴趣和动力。教师角色与职能的转变，会引发教学方式的变化。要充分利用各种信息和网络手段，使学生产生学习动机和兴趣，学会科学的学习方法和信息获取手段。最后，教师必须提升使用信息化技术的能力。在大数据时代，教师作为"helper、councilor、facilitator"，必须不断学习和提升对信息化技术的使用和操作能力，充分认识数据的潜在价值，不断更新教学手段和方法，获取最新资源，提升高校外语教学质量。

（三）学生角色的转变和发展

学生角色的转变主要体现在个性化的学习上，学生的主动性在整个学习过程中占主导地位，个性化的教育已经来临。《国家中长期教育改革和发展规划纲要（2010–2020 年）》中明确提出关注学生不同特点和个性差异，发展每一个学生的优势潜能。与传统教育相比，教师要对学生的能力、兴趣、学习风格和习惯等做出认真的评估，构建个性化的教育环境，才能做好个性化的教育。在新时代，学生已经具备了一定的计算机知识和网络技术，可以搜索网络资料。同时，学生可以提前了解所学课程的性质、内容等，为后期的学习做好规划和准备。学生还可以在规定的时间内完成课程学习内容，修满学分等。另外，学生可以充分利用课余时间，运用网上各种视频和资源，提升自我。

（四）教育评价模式的转变

教育评价是根据一定的教育目标或教育价值观，运用可行的科学手段，通过系统地收集信息资料并分析整理，对教育活动、教育过程和教育结果进行价值判断，为提高教育质量和教育决策提供依据的过程。在大数据时代，教育评价模式发生了很大的转变，传统的教学与考试模式已不能满足教育的发展趋势和人才评价的要求。以发展为理念的教育评价观逐渐形成，现代化教育以教育对象的主体性发展为目的，注重学生的学习体验、学习过程和教学互动，因此，在评价中要考虑多重因素，如学生情感、态度等，更多注重教学过程的微观层面。教师可以利用大数据，科学记录学习者的学习轨迹，再利用数据分析，了解学生的学习状态，进而调整教学策略和评价模式。另外，应扩大教育评价的范围，不仅限于学生，教师、课程、学院、教学设备等都要纳入其中，需要从大的范围考虑与教学有关的各个要素。再者，单纯的成绩单已经不能真实反映学生的能力，综合考查学生素质更重要。因此，在大数据时代，建立发展性教育评价模式至关重要。

三、基于大数据技术的高校外语教学的提升策略

基于大数据技术的高校外语教学应加强理论指导，以全面视角优化线上线下教学资源，以新型师生互动关系为辅助，强化评价，切实提升教学成效。

（一）深化理论，构建教学云平台

高校外语教学改革以大数据技术融入教育行业为背景，要求高校顺应高等教育改革趋势和时代发展潮流，将大数据技术概念与外语教学理论相融合，构建新的教学指导思想体系。高校应及时把握时代发展特征和社会发展需求，充分了解大数据技术的发展水平，确定其与高校外语教学改革相融通之处，从教育教学改革视角重新理解大数据技术的内涵，为高校外语教师参与大数据与外语教学融合课题指明方向，并以政策、教学管理条例等规范强调融合理念的重要性，带动教师积极参与融合研究，作为后续教学案例选取的依据，共同营造浓厚的理论深化学术研究氛围。在此环境和背景下，高校应进一步加强教学云平台建设，作为促进大数据技术和外语教学理论相融合并深化的实践举措。

首先，高校应借助信息化教学设备，用音频、视频、图片等形式呈现大数据技术的概念，让教师透彻理解外语教学理论的内涵，引导教师深入探讨外语教学设计中不同模态相互协同的意义和方式，为云平台建设奠定坚实的理论基础。同时，高校应普及教学云平台内涵，即建立在手机、电脑等移动终端设备的基础上，以教师和学生为共同的管理者，以大数据技术为载体，以PPT、视频、网页、图片等多模态为外语知识呈现形式，构建多模态、新技术和多媒介融合的多维立体教学系统。该系统是大数据技术的具体化，是多模态教学的直接体现，是二者理论相融合的综合表现。

其次，高校可以将教学云平台建设作为教师综合素质提升的依据，考察教师运用云平台进行多模态教学的能力，并将其作为强化教学理论的重要举措，为后续理论指导教学实践奠定基础，从而实现理念整合和升级。

（二）优化资源，激发优质资源价值

21 世纪初，计算机和无线网络的普及促进了多模态外语教学的发展。大数据技术作为计算机信息化的新产物，在高校外语教学改革中发挥着不可替代的促进作用。数据作为大数据技术的核心，也能够作为外语教学的依据，协助教师进行教学数据分析。高校应意识到这一点，发挥好教师和技术研发企业之间的桥梁作用，选派信息化素养较高的教师与企业直接对接，作为技术研发和使用的先行者，及时将本校外语教学需求反馈给企业，作为企业不断改进大数据技术的突破口，使技术服务于教学。而后，这部分教师可以作为技术和多模态教学融合改进的主力，及时将大数据技术的改革优势和亮点传达给其他教师，提升外语教师队伍的整体素养。

如此，外语教师可以通过召开研讨会、校企沟通会、线上专家指导会等形式，学习大数据技术支撑下多模态教学的技术平台阶段性研究成果；结合外语语言学、认知科学、心理学和教育学等知识发掘大数据和多模态融合的潜在教学数据的价值，以此作为线上多模态教学资源内容搜索、选取和范围确定的依据，开发更加丰富的电子教学资源；将大数据优化算法功能附加到电子资源系统中，根据教学中教师和学生点击率和好评率，对教师自动弹出推荐内容，作为教师改进线上资源筛选的依据。同时，外语教师应据此优化线下课堂教学的模态，发掘和优化图片、文字以外的便携移动终端资源，并将其纳入传统纸质版教材，作为校本教材的有力补充，在为教师节约时间的同时，激发学生学习的积极性，彰显多模态教学的丰富表现力。

（三）重建关系，构建职能产学研教室

在大数据时代，高校外语教学需要加强师生互动，构建新的师生关系，逐步构建"产业—教学—互动—研究"的自循环系统，提升高校外语教学水平。[①] 在教师层面，高校外语教师应灵活运用多样的教学方式，明确自身角色，将教师语言定位为主要的语言模态，将教学设计视为文字、图片、音频和视频等链接的多模态协同成果。在导入阶段，教师使用口语、视觉和听觉模态，将教学主题通过无线信息化平台传达给学生，激发学生主动思考。在教学过程中，教师可以在PPT的基础上，加入录像、微课、口语、听力等不同模态，向学生讲述教学主题的细节，考查学生预习情况和思考情况，观察学生反应，适时总结要点，营造师生自然互动的氛围。在学生层面，学生可以在教师的引导下加强外语学习，确定适合自己的学习方法和水平，运用大数据技术提升学习效率，综合运用触觉、视觉、口语等模态提升自主学习水平。同时，教师和学生之间可以通过小组讨论或者问答的形式实现互动，二者共同促进高校外语教学水平的提升。

（四）升级评价，借助全息可视化技术

大数据技术下的高校外语教学更加高效。大数据技术能够更加精准地定位学生需求，教师可以通过大数据技术更加全面、客观地了解学生外语学习水平和未来发展需求，进而通过外语教学提升学生核心竞争力。大数据技术能够帮助高校外语教师在有限的教学时间内全面评价学生外语学习情况，全息可视化技术构建信息化多模态自动评估体系，能够帮助外语教师在教学过程中和教学结束后为学生提供符合个性的学习方案，带动学生参与自我评

---

① 王英慧.基于大数据技术的高校英语多模态教学策略探究[J].广西广播电视大学学报，2022，33（6）：71-75.

价，作为技术和评价的反馈，如此既能够为教师改进教学和评价提供有效依据和数据，也能够鼓励学生进行难度更大的外语学习，使其在合理评价的驱动下进行持续性学习。

第三节　基于云计算技术的高校外语教学

一、基于云计算技术的高校外语教学的优势

我们将从云端和用户端两个方面对云计算在外语教学中的应用优势进行分析，并结合我国的外语教学工作情况进行对比分析。

（一）从云端（教学服务提供端）分析

目前各个高校都建立了比较完备的外语教学环境，建设了包括机房、语音教室等在内的基础设施。除此之外，各高校按照教育部的外语教学要求建立了学生网络自主学习系统，以丰富高校学生的外语学习生活。但实践证明现在普遍面临的一个问题是，这些教学设施和资源是以各个学校为单位分散开和割裂的，在外语的教与学中不能完全体现出资源整合的优势。比如，学校投资建立了一套外语自主学习系统，以辅助外语教师的多媒体教学，但是实际使用过程中，学生仍然反映学习资源的丰富程度和自主学习方法的个性化程度难以满足实际需求，学生的外语学习热情依旧没有达到学校教学改革的期望水平。

而基于云计算技术的新的支撑平台整合了原来分散的资源，使优势和特色的教学资源能够在全国高校间甚至全球高校间共享和传播，从而可以弱化由于地理环境、学校层次、教学环境和基础设施差异而造成的教学水平上的

差异。另外，基于云端的外语教学支撑环境使新的教学资源的发布模式由面向单个学校转变为面向全国的甚至是全球的同性质用户，打破了某些高校资源垄断的局面，从而极大地提升了网络资源的利用效率，使更多的学校、老师和学生在第一时间从资源共享中得到提升。另外，基于云计算的教学支撑环境是一个真正的深度信息化的开放式教学支撑环境，打破了以往信息技术对外语教学工作者的技术壁垒，使广大外语教学参与者能够借助此平台和不断出现的新技术，快速开发出创造性的教学辅助手段。

（二）从用户端（教师、学生）分析

从教师和学生的具体应用角度看，登录云平台后，经过整合的丰富的教学资源以合理的方式呈现，教师和学生可以根据教学安排及个人具体需求选取并使用，并且实时提供反馈信息用于系统改进。而且教学的全过程都被客观地记录下来，从而教师在进行教学工作总结和改进的时候有全流程数据可参考，学生也可以不断选择和尝试并确定最适合自身的个性化学习过程。需要指出的是，教师作为课堂的重要角色，可以从以往课堂教学中的许多事务性工作中解脱出来，完全将精力放在教学核心工作上，可以更好地了解学生、评估学生、引导学生，从而全面地实施个性化的外语教学工作。因此，在云计算技术的支撑下，学生可以更好地开展学习，而老师可以做更多具有创造性的工作，完成从一般的教育工作者到教育家的转变。

二、基于云计算技术的高校外语教学的建议

（一）构建新型开放式教学资料发布和共享机制

基于云计算平台，通过在云端制定资源共享策略，使用户（教师以及权

限受控的学生）能够方便地发布或者共享教学资料，并且在可控范围内进行传播。由此，所有用户可以在同一时间内获得新的教学资料带来的优势，解决了以往层层分发带来的时滞不可控的弊端，同时便于准确地量化分析用户对教学资源的获得和利用情况。这种平台资源、信息共享可跨越地区上的障碍，让一些偏远山区、基层的教育工作者、学生分享到全新、有效的资源。

（二）构建专业数据挖掘平台，完善教学效能评估体系

通过以云计算为依托的教学平台可将随时更新的教学资源、信息建成教学资源数据库，这样平台用户就可以在数据库里获得最新的教学资源。与教学资源数据库相对应的就是开发资源挖掘工具。从理论上来说，这个挖掘工具并不是简单地收集信息，而是一个完整的教学效果评估工具，只有达到一定要求的教学资源才能被挖掘出来，也就是能够进入教学资源的数据库中去。这种教学资源的挖掘工具打破了传统的对教学效果的评估只能通过考试方式进行的模式，让更多适应当前教育背景的好的教育模式被挖掘出来。

（三）推进基于学生特点的个性化学习

基于云计算平台，每个学生的学习情况都被客观真实地记录到了系统日志库中。因此，可以通过上述数据挖掘平台，深入分析每个学生的学习特点和规律，从而制定个性化的学习方案，获取与其实际需求相匹配的教学资源。

（四）建立新型教学沟通平台

在传统的教学模式中，师生之间的交流仅限于课堂上，这给教师的教学和学生的学习都带来了很多障碍，而通过教学平台师生可随时随地进行交流，突破了原有师生交流模式，学生将不懂的知识点及时与教师交流，解答其学习中的疑问，教师也可通过与学生的交流了解其教学效果，进而改善教学中的不足。这种以云计算为依托的教学平台除了便于师生之间的沟通交流外，还有利于社会上想要学习外语的人与专业教师进行沟通，为其创造了一个便利的学习机会。

（五）建设外语智能训练平台

1. 以智能训练辅助预习，尝试自主学习

智能平台辅助教学后可以翻转课堂，学生通过智能训练平台预习，初步掌握新词、新句子的读音，在课堂上优秀生带动待进生，一起分析单词的记忆方法、分析组句的方法，最后教师根据学生在学习过程中的难点和教材的重点，针对性地进行讲授。智能训练平台把教师的主导作用和学生的主体作用紧密、有机地结合起来，对传统教学方法进行改进，使课堂教学省时、高效。①

2. 利用平台提高活动参与率，激发学生学习的兴趣

要使学生上课注意力集中并保持对学习浓厚的兴趣，关键要提高教学活动参与率。教师可以利用平台的"人机对话"功能进行角色扮演，选择适合学生水平难度的影视内容让他们配音，先在小组讨论，探索尝试对话，再分组比赛。充分发挥其学习自主性，进而保持学生的学习主动性。

3. 平台辅助作业，调动学生完成作业的积极性

通过智能训练平台，给学生布置听说作业和听写作业，学生可以根据自己的需求把听说的朗读次数调整好，再根据自己的实际水平调整听写速度。智能助教可以辅导学生完成听说作业，并汇总作业成绩给教师，教师在课堂上可以点评抽查，进而更全面地了解学生的训练情况。同时，教师可以定时

① 曾丽华.云技术和智能听说训练对高效外语教学的探究[J].科教导刊（电子版），2019（17）：215.

公布"统计报告"，每个月对积极练习的同学发奖状以示鼓励，学生完成作业的积极性就可以被充分调动起来了。

三、基于云计算技术的外语移动学习智慧平台设计

基于云计算的外语移动学习智慧平台将校园内的各类学习资源进行更细致的分类整理，为师生提供便捷的学习、交流平台，帮助师生随时随地查询、咨询和处理教学、学习及校园服务信息等。平台为上层应用服务，将数据计算、数据存储、用户认证等进行集中管理和控制。平台包括服务器端和客户端，服务器端接收、存储、处理系统数据，客户端安装于用户的移动智能终端上，学生使用移动智能终端储存、分享信息，平台通过终端为学生提供具体指导。平台采用面向服务的多层架构模式（Service-Oriented Architecture，SOA），将学校的数据、资源、信息及业务流程，按基于服务的方式进行整合，使平台有较强的适应性、可维护性、可扩充性及易用性。传统教学中的互动学习大多数因为地理位置的限制而集中在线下课堂，线下交流也只能在同班同学间进行，在云平台中则可以不局限于班级地理位置，在网络上随时随地进行学习，并且可以在课程下留言评论，跨班级甚至跨学校互相学习和讨论，并且可以和大家互相监督，共同学习，共同进步。[①]

移动学习智慧平台涉及多个因素，系统功能模型包括移动用户网站、智能移动设备、用户、内容、位置及导航、多媒体传输、上下文、协作与交流、远程支持等。系统需要采用不同技术研发，不同技术开发的组件需要相互兼容，系统需要在不同类型的智能移动设备上运行并兼容，平台的开发需要关注层次间服务的互操作性，可以在不同功能模块间执行程序、通信及传输数据等。

---

① 吴奕，吴亮.基于云平台的教学系统设计与实现 [J]. 教育现代化，2021，8（42）：106-108.

外语移动学习的语境是多种多样的，各种语境需要脱离传统的课堂形式，为满足具有真实语境感的需要，随时随地为学生提供所需信息，并为学生提供可供选择的学习协作伙伴，平台采用情景感知技术构建外语交互语境，以实现真实的情景语境，工作流程为：在学习过程中，上下文利用传感器为学生提供学习情景，学生用内置射频识别技术（Radio Frenquency Identification，RFID）的移动智能终端读取数据，通过传感器采集学生及交互伙伴或交互空间的原始数据，根据数据进行计算，上下文状态根据一系列上下文特征采用可扩展标记语言（Extensible Markup Language，XML）表示，并形成 XML 文档传递给平台的其他部分，判断是否符合上下文预测系统，推理结果驱动交互，并显示于自适应终端；平台实时检测学生的学习效果，可以从相关数据库中读取更多的学习信息，并传送给学生进行深入学习。情景感知技术感知并控制计算环境中会影响交互过程的情景因素，是计算系统决定反应结果的依据。上下文分为设备上下文、环境上下文及用户上下文，上下文感知是计算系统对上下文内容、变化及历史进行智能的感知及应用，根据上下文调整学生的行为。移动智能终端作为学习设备具有一定的局限性，考虑到移动学习时间零散化、移动学习内容片段化，使用设计简单、短文本及少输入的移动学习资源。移动学习资源与教学目标及学习需求紧密结合，贯穿教学设计的思想和方法，应据此对学习活动进行设计，发挥移动技术优势，重视学生的移动学习体验。

校园资源模块充分利用学校现有的数字图书馆、多媒体视频直播／点播系统、多语种卫星录播共享平台、多语种音视频共享教育资源库、外语早读教育平台，结合学校优质的外语教育体系、精品视频公开课、精品资源共享课，集成各系统现有数字资源，整合为移动学习资源，构建多语种教育资源库，并与国外语言类名校合作，与麻省理工学院开放课程，牛津、斯坦福、耶鲁大学联合网站，开放课程 EssayStar.com 等共享资源，建设移动资源检索系统，以资源中心门户形式综合展现资源。通过营造国际化外语学习环境，在校园有线网络、无线网络的覆盖范围内，师生可以随时随地通过笔记本电脑、平板电脑和智能手机等多种移动设备终端使用智慧平台，进行外语听、说、读、写和译等方面的教与学，并充分利用智慧平台为教师和学生提供个人网络学习空间，进一步提高外语教与学的水平，实现共享外语教学资源。

校园服务及安全模块采用组件化、工具化开发模式，通过统一的业务系统建设学校核心管理系统，为师生提供方便快捷的生活和服务等个性化信息智慧服务。智慧平台面临应用系统多、基础设施多、权限角色复杂等问题。为了确保智慧平台的正常运行，需要建立运行维护体系保障平台安全、稳定、有效地运行，信息标准体系确定了信息采集、数据建模、数据交换、加工处理等过程的标准，实现信息优化管理和资源共享。智慧平台建设中的安全性涉及运行安全、实体安全和信息安全，实体安全包括设备安全、环境安全和媒体安全等；运行安全有审计跟踪、风险分析、备份与恢复及应急等；信息安全包括数据库安全、操作系统安全、网络安全、访问控制、病毒防护和加密与鉴别等方面。

第四节　基于人工智能技术的高校外语教学

一、人工智能技术在高校外语教学中的优势

（一）智能化

人工智能的特色在于高度智能化，高度智能化的计算机外语教学系统能

够做到教学行为人性化、繁杂任务代理化，从而解决外语教学中的痛点问题。智能化外语教学可以用计算机模型进行测试与评估、预测学习者兴趣以及学习任务分配等，根据学习者的不同需求制定学习方案，有效帮助教师节约精力与时间，将更多的时间用在教学内容改进上。同时，其可以通过个性化推荐方法，根据学习者在教学中的自发选择，有针对性推送合适的教学资源。随着人工智能与工业进一步结合，许多基于人工智能的算法与教学软件相结合，被运用在教学优化中。例如，最受人们关注的深度学习推荐算法，是在获得初始数据后，通过对数据的特征进行提取推理，形成一套自己的思维体系反馈给学习者，再根据学习者对数据的反馈情况做出预测，确定数据逻辑，选择方案，并在互联网上收集整理相关数据，最后为学习者提供综合各类学习资源的完整学习体系。

（二）精准化

基于大数据，通过对微观数据的搜集，可以对外语教学进行宏观科学指导。比如，根据数据对教学内容进行优选，学什么课程内容、设置什么课程方向，有了具体的数据分析作为支撑，可以避免走"弯路"。大学英语教师精力有限，课堂教学时间也有限，无法顾及每一位学生，无法结合学生特点来调整教学方法及帮助他们制订学习计划。人工智能技术的融入，使学生利用智能化学习软件就可以搜索到有关学习资料，记录每日学习情况，教师可通过软件记录分析学生在词汇、发音、语法、翻译、写作等方面的掌握程度。智能学习系统也可以将学生的英语学习能力自动生成图标，便于教师针对具体情况制定个性化学习方案，深度分析学生的学习数据，找出问题的关键，及时调整教学方法，规定学生的每日学习内容，最大程度上提高学生的学习效率。

（三）差异化

通过对学习过程进行分析，教师可以对学习者学习过程的相关数据进行采集、对学习反馈、成绩等进行分析，根据分析结果及时调整教学策略，优化教学过程。

（四）个性化

通过把学习者行为数据录入数据库，调用不同分析工具和模型对数据进行分析，教师可以为学习者提供不同的学习策略，指导学习者进行个性化外语学习。

二、基于人工智能技术的高校外语教学改革要点

（一）契合课程内容，融入全过程教育理念

外语教学的主要目的是将学习的知识转化为实践知识，现阶段外语人才培养实践的有效载体是人工智能工具，借助人工智能工具，将所学的外语内容与实践有机结合，通过全过程教育，使工具与内容相互支撑。

外语教师通过人工智能课堂，将外语人才培养的要求不同程度地融入教学实施过程，即需要教师发挥主观能动性，从全过程和实际教育的视角分析，结合特有的专业特色以及现有课程设置，完成全过程教学方法在外语课程中的应用。例如，在课堂讲授中穿插一部分习题，在课后讨论中采用人工智能软件增加学生的课后活跃度。此外，人工智能的创新应用能够进一步拓宽学生视野、激发专业学习兴趣。从全过程的角度出发将涉及教学内容的各个方面或环节与外语教育相融合，能够有效融入人工智能理念，构建完整的知识体系，这是目前高校单纯开设外语课程无法达到的教育效果。

（二）提升教师能力，加强人工智能在全球课堂中的应用

人工智能技术的运用增加了全世界相同语种课堂相互联系和接触的机会，进一步优化人工智能教学的重点在于提升外语教师对于工具的利用程度，通过培训提高教师使用人工智能教学工具的能力，可以有效提高外语专业学生的英语实践能力。为此，教师所在单位也应该积极行动起来。一是为教师举办相关的培训班，帮助其掌握人工智能在教学中的应用。二是根据自身条件与财政预算，有计划地分批购入有关人工智能教学应用的软硬件设备，使教师所学能够用在实处。三是要深化校企关系，强调产学研理念，与一批对外语能力与人工智能能力有所需求的企业建立联系，进一步挖掘人工智能教学的潜在资源，将其转化为生产力。

（三）提高学生兴趣，设立课程创新实践学分

外语学科作为理论教学和实践教学并重的学科，需要从学校角度出发，对外语课程进行课程改革，可以通过教务处设立创新课程，通过高校教师的个人科研项目，在课后为学生提供额外的学分支持，提高学生兴趣。创新外语课程可以让教师结合自身所长，设计贴近外语工作实际的项目案例。例如，外语教师可以通过头脑风暴法指导不同小组的学生进行外语试题设计，并相互进行测试，以此了解学生对英语的掌握程度。此外，人工智能英语对话软件可以作为一个相对独立的课程，通过全过程教学方法在教学制度上给予课程创新，并实现学分互认，有效提高学生积极性，并为学生的自主学习和个性发展提供更宽广的空间和平台。同时，人工智能可以为外语专业学生后期的毕业调研与毕业论文写作提供一个坚固的地基，有效地促进全过程教学体系深化和落实。[①]

---

① 徐艳艳，刘春富.新时代人工智能背景下外语学科全过程教学体系探索与实践[J].黑龙江工业学院学报（综合版），2023，23（5）：46-51.

（四）多样化项目助力学生能力培养

无论是人工智能还是全过程教学探索，其最核心的目的就是帮助学生了解并掌握所学的专业知识，在自己的专业岗位上进行能力升级。当前高校应该借助现有教师资源和硬件设备，以教师为核心搭建人工智能平台，通过专业的科研团队与人工智能软件申请相关项目，进行创业项目孵化。例如，可组织优秀学生到对口专业的企业单位、市场进行参观、调研考察。对有创造力的同学进行投资，鼓励他们利用学校给予资金申请创办公司、签订相关协议，当项目盈利时拿出一部分回报平台，保证项目可持续发展的稳定性。但目前个别学校在这方面的支持并不全面，对于外语专业等文科专业的资金投入更是捉襟见肘，在一定程度上制约了教师能力的发展。

三、人工智能技术在高校外语教学中的有效应用

（一）智能化翻译教学

依托人工智能技术对英语教学模式进行创新，可以达到预期的教学效果。翻译是大学英语教学的重要切入点，教师应重视翻译教学，利用云平台，引导学生进行智能翻译，或者运用视频课件、动画课程以及微课等，多维度、多形式开展翻译教学活动，实现人机智能交互，强化学生的翻译能力。与此同时，将人工智能技术应用于大学英语翻译训练中，还能解决翻译难点，快速厘清学生的学习思路，帮助他们明确文本内容。教师也可以在云平台上发布训练任务，让学生有选择地进行口语翻译和书面翻译，并对其翻译成果进行数字化评价，分析学生的进步空间，合理设计接下来的教学方案，对原有翻译训练模式做出相应的优化与改进，为学生提供高质量的教育，帮助学生完善自我。

（二）趣味化语法讲解

在人工智能技术的应用下，教育者可以结合具体学情，构建一个新型的教学系统，通过归纳和总结大学英语教学的重难点，科学设计相应的教学模块，进行智能化教学。比如，在强化学生基础能力方面，设计词汇与语法讲解模块，突出教学的趣味性和创新性，将文本、图像、影视、动画等不同数据类型有效融合，使复杂的英语知识以更加形象化、直观化的形式呈现给学生。同时，利用英语词根、前缀以及后缀等要素，有针对性地指导学生理解记忆英语词汇和语法，摆脱传统机械背诵和反复抄写的束缚，让学生掌握更多的词汇。在人工智能技术与大学英语教学的结合下，教师可指导学生运用思维导图去理解和学习语法知识，从而厘清各个知识点间的关联性，提升他们的知识迁移能力。为了培养学生的学习能动性，教师可应用专家系统技术，搭建线上平台，学生根据自身学习需求进行自由提问，此时专家系统以其强大的知识库在第一时间智能化、自动化解答学生的问题。教师通过平台系统汇总学生的问题，在线下课堂深入讲解，深化知识，以此丰富学生的知识层次。①

（三）交互式听力训练

听力训练是大学生学习英语的一个难点，能否听懂英语、理解文本意思是听力训练的关键，其效果直接影响学生的英语学习质量。教育者在开展英语教学工作时，应从学生的视角出发，结合实际情况，创新英语教学模式，尤其要加强现代化信息技术的运用，提升英语听力教学的灵活性和趣味性。人工智能技术的普及与应用，可最大程度上丰富听力资源，满足大学生听力

---

① 许佳. 基于"5G+人工智能技术"的大学英语教学改革探索 [J]. 产业与科技论坛，2023，22（8）：169–170.

训练需求，由教师从海量的网络资源中搜索和汇总有用的听力素材，依据大学生的听力水平，设计听力训练方案，引导他们全身心地投入到听力训练中。比如，大学英语教师可以将人工智能技术与听力数据资源库进行整合，构建数据自动集成系统，记录学生的学习情况，准确把握学生听力训练的方向。而且，教师运用人工智能技术，还能实现学习资源与大学生个体的精准对接，针对不同学生提供可行性指导，保证不同层次的学生都能提升能力。

（四）跨文化口语交流

大学英语涉及知识面较广，不再限定于课本内容，其作为一门语言类学科，除了要求学生有扎实的理论基础外，还要求其能熟练地应用英语，所以，教师应引导学生在既定语境下进行跨文化交际。但是传统教法存在许多局限性，一味地采取机械练习的方式，未能考虑语境问题，所以难以提升学生的口语交际能力，也势必影响大学生未来就业与发展。在人工智能技术支持下，大学英语口语训练的形式也有所创新。比如，教师可以利用文本对话视频，及时纠正学生口语交际错误，在对话交流中融入西方文化，拓展学生的知识面。同时，搭建对话平台，实现在线与不同国家的人交谈，让学生掌握跨文化交际技巧，强化其口语表达能力。人工智能技术的最大特点，除了信息共享，还包括虚拟化、智能化，教师应用 5G 技术设置虚拟职业场景，带领学生进入虚拟情景中，获得跨文化交际的体验感，为学生步入工作岗位打下基础。

（五）人性化课后指导

长期进行课后训练，可以帮助大学生夯实英语理论基础。在以往的高校英语教学中，教育者侧重于课堂知识讲解，过度依赖课堂上的教育，忽视了课后训练在巩固及提高学生知识与能力方面的作用。这就需要教师构建一个长期的、高效的英语虚拟课堂，以这种方式对传统课堂进行拓展延伸，让学生随时随地都能复习巩固。人工智能技术的出现及应用，为大学英语课后指导提供了新的契机，教师可根据大学生的学习特点，设计难易程度不同或者开放性的课后作业，通过网络平台发送给学生，指导学生有组织、有目的地进入慕课在线学习，与其他学生交流讨论，积极参与其中，完成课后学习任务。在这一过程中，利用人工智能技术对学生的作业进行智能化纠错，对学生的英语学习进行个性化指导，从而制定人性化课后辅导方案。例如，对于英语理论基础知识掌握不扎实的学生，可以侧重词汇、语法等方面的练习，教师编制习题，引导学生按照正确语法规则来练习口语和写作。对于基础知识掌握较好，但口语表达不佳的学生，可以多设计一些交互性或者实践类作业，提高大学生口语表达能力。

第四章 基于翻转课堂的高校外语教学研究

翻转课堂是当今信息时代的产物，实现外语教学与翻转课堂的有机结合有利于提高外语教学效率与质量，本章将分析翻转课堂的基本概念，并基于实践视角探索翻转课堂在高校外语教学工作中的具体应用。

第一节 翻转课堂概述

一、翻转课堂的基本含义

翻转课堂在当代课堂教学发展过程中具有重要的价值和意义，它对当代课堂教学的变革产生了深刻的影响。无论是从教学理念的创新角度还是从教学现代化水平角度来看，翻转课堂都是值得研究的一种信息化教学技术形态。

所谓翻转课堂，是指教师借助微型教学视频让学生在家里利用网络提前学习新课程，辅以在线作业、在线检测和网上社区研讨来帮助学生发现学习问题，然后师生在课堂中共同研究学习问题，以达到对教材内容深入掌握的一种混合式课堂教学模式。① 具体来说，翻转课堂以教师精心制作的教学视频为媒介，充分利用现代化教学技术，把"教师白天在教室上课，学生晚上回家做作业"的教学结构翻转过来，构建了"白天学生在教室完成知识吸收与掌握的内化过程，晚上回家学习新知识"的新型教学结构。

二、翻转课堂的主要特征

（一）教学资源集成、全面、共享

教学资源是教学工作开展的基础，包括文本资源、图形资源、图像资源、动画资源、声音资源和视频资源等类型。② 翻转课堂打破了传统课堂教学资源的单一性，通过教学视频平台和信息技术支持，把分散的教学资源聚合在一起，共同为教学主体提供最优质的服务。这体现了翻转课堂教学资源的集成性特征。翻转课堂直接或整合利用网络优质教学资源，建构了由理论知识资源、实践经验资源和方式方法资源所构成的翻转课堂内容体系。

与传统课堂不同，翻转课堂集成了大量教学资源，使得教学资源具有全面性特征，主要表现为资源数量多，资源质量优化，资源样态动态、可持续。③

一方面，在翻转课堂教学过程中，师生拥有大量的教学资源，极大地丰富了课程内容，如电子书包和学科资源网站集成了大量的教育资源，包括图片、文献、案例、习题和工具书等。另一方面，在翻转课堂视频的制作过程

---

① 张秀晖，徐茜，陈银英 . 微课在现代化课堂教学中的有效应用 [M]. 长春：吉林人民出版社，2020：60.

② 邓金娥，吴菲，熊华霞 . 高校商务英语信息化教学改革研究 [M]. 延吉：延边大学出版社，2019：194.

③ 胡宝菊 . 新时期高校英语口语教学研究 [M]. 长春：吉林出版集团股份有限公司，2021：159.

中，教师精选出适合学生年龄特征和个性差异的优质教学资源。此外，从翻转课堂教学资源的样态而言，教学资源不断得到更新、重组，体现了其动态、可持续的发展。

翻转课堂在教学资源方面还具有共享性特征。教学资源共享，涉及教学各主体的利益，既要协调各种利益关系，又要满足教学主体对教学资源的需求。翻转课堂的实施为教学资源的共享提供了条件。在课前，所有教学资源师生共享，为知识信息的传递提供了便利。在课堂上，师生等教学主体交流资源，实现知识信息的深化。而且，翻转课堂上大量的教学资源以微视频的形式展现，学生通过简单操作就能实现教学资源的共享，同时可以获取自己所需要的课程资源。

（二）教学过程自主、灵活、可控

教学过程可以分为"教"和"学"两个过程，翻转课堂让整个过程更加自主、灵活、可控。学生能够根据自身的知识水平、学习进度和教学视频特色等自主选择、自主学习、自我监督、自我评价。这体现了翻转课堂中教学过程的自主性特征。依据建构主义理论，学习是一种能动的活动，绝不是教师片面灌输的被动活动，知识并不是靠教师传递的，而是学生主动建构的。建构主义学习观倡导自主学习、主动学习、合作学习和探究学习，强调学生的学习过程是自主建构的过程。总之，翻转课堂实现了学习方式的巨大变革。

翻转课堂能够适应教学过程中的各种变化，体现了其灵活性。教学过程是非常复杂的，学生、教师、教学内容、教学方法、教学媒体和教学环境等多种因素都在一定程度上影响着教学效果。只有不拘泥于教学的固定模式，针对不同的教学环境采用灵活多样的教学方式，才能实现教学各主体的最优发展。

翻转课堂利用信息技术实现了教学过程的可控性。教学过程的可控性是指在整个教学过程或部分教学阶段中，教学主体能够对教学及其进程进行把控。这种可控性有利于教学活动的顺利开展，也更能够促进教学中各主体的发展。翻转课堂以教学视频的方式传授知识，能够实现对教学时间、进度的有效控制。学生可以根据自身的需要和进度，对教学过程进行调整。如果有些学生通过阅读纸质材料就能掌握指定的学习内容，那就不必全程看完教学视频。而对于教学重难点，学生可以多次观看相应视频片段，假如还有疑问，就留到课上与教师探讨。这说明了翻转课堂在教学过程中的可控性特征。

三、翻转课堂与传统课堂的比较

翻转课堂实现了知识传授和知识内化的颠倒，将传统课堂中知识的传授转移至课前完成，知识内化由原先的课后转移至课堂。传统课堂教学中人机互动水平较低，互动不多。而翻转课堂基于人机交互组织课堂教学，充分考虑学生的主动性，把教学的侧重点放在学生的学习过程、学习行为的转化上。可以说，翻转课堂是现代信息技术与教育深度融合的教学实践范式。

翻转课堂的实质意义是它改变了传统课堂教师授课、学生听讲和一对多的单一教学模式，形成了教师与学生主体间的互动模式。学生通过微视频、在线学习、自主学习和混合学习提出问题、见解和看法，与教师和同伴进行交流，从而获得学习上的主动性。翻转课堂颠覆了传统教学结构模式，重构了全新的课堂教学模式，它以全新的课堂教学结构充分地调动了学生的主动性，使学生成为教学结构和活动的主体，借此实现了对传统课堂教学结构的全面重构和深刻变革。

翻转课堂使教学系统中五个因素的地位和作用发生了根本性变化：

第一，教师由课堂教学的主导者、知识的传授者和价值的灌输者，转变为课堂教学的组织者、知识的引导者和教学活动的指导者。

第二，学生由知识的被动接受者、课堂教学的受教育者和价值的接受者，转变为信息获得的主体、学习活动的主体、知识意义的主动建构者及知识内化的主体。

第三，教学内容由单纯依赖教材转变为以教材为主，并有丰富的信息化教学资源（如教学网站、资源拓展库和案例等）相配合。

第四，教学媒体由单一化的 PPT 课件辅助形式，转变为既辅助教师教，又促进学生自主学习的认知、协作交流以及情感体验与内化的工具。

第五，教学评价由传统的考试评价，转变为多样化、立体化的评价形式。

第二节　翻转课堂基本要素与模式

一、翻转课堂的基本要素

翻转课堂颠倒了传统课堂的教学过程，使教学过程由传统的"先教后学"转变为有技术支持的"先学后教"，其本质是应用技术优化传统的教学过程，即对知识传授的两个主要环节——"知识传授"与"知识内化"进行了优化。

（一）支撑环境

翻转课堂的实施需要网络教学环境的支撑。翻转课堂的支撑环境主要由网络教学平台和学生学习终端等组成。其中，网络教学平台要能够实现课前课中互联、师生互动、当堂练习反馈与数据统计分析等功能，这是实现翻转课堂教学的基础环境；学习终端能够支持学生的微课学习、网络交流、互动练习。翻转课堂的网络支撑环境为师生提供了一个虚拟学习空间，为师生开展与衔接各种课前、课中、课后的活动提供基础。

用于构建翻转课堂网络教学环境的软件，有课程管理系统（Course Management System，CMS）、学习管理系统（Learning Management System，LMS）或者学习内容管理系统（Learning Content Management System，LCMS）。其中被师生广泛使用的免费开源软件有 Moodle、Claronline、Saikai、Atutor 等。另外，学习活动管理系统（Learning Activity Management System，LAMS）也可以用于构建设计、管理和传递网络教学活动的网络支撑平台。

LAMS 构建的学习环境支持以学习活动为中心的教学设计，并提供整合教学资源、实施网络教学与评价的相关功能，可以为师生提供一个学习过程图形化、可视化的网络平台。

（二）学习资源

翻转课堂之所以能在教学中不断得到应用并取得良好的教学效果，与翻转课堂"先学后教"理念支持下充分的前期准备工作是离不开的。翻转课堂的有效实施需要丰富的学习资源的支持，这些学习资源可以是学习任务单、主题微课资源、知识点视频资源、电子课件、电子文档、学习网站、进阶练习和知识地图等。其中，微课资源是翻转课堂最常用的学习资源，主要由各种教学视频短片构成，内容以知识点为单位，聚焦新知识讲解，形式上强调碎片化，便于网络传播与学习。

翻转课堂的学习资源主要用于支持学生课前的自主学习。为了取得更好的自主学习效果,除了为学生提供微课资源外,教师还常常提供精心设置的学习任务单与微课资源配套使用。学生在课前自主观看教学资源,完成学习任务单,完成知识的学习。学生只有课前完成对学习资源的学习并获得了知识内容,才能在课堂中更好地参与教师设计的教学活动,达到知识内化的目的,真正提高学习效果。

(三)视频制作

1. 合理选取知识点

国内不少学校都在轰轰烈烈地推行翻转课堂,然而并非所有的课程都适合翻转,在同一门课程里,也不是所有的知识点都必须采用翻转课堂。教师应当研究教材和课程标准,全面分析课程的知识点,对于其中的难点、热点、疑点、重点,考虑是否通过视频教学更能提高学习效率,对于需要教师先行系统讲授的内容,或是一些非重点内容,仍然可以采用传统的课堂教学模式。

2. 精心制作教学视频

目前在翻转课堂中使用得较多的是微视频,所谓微视频,是指时长一般不超过20分钟,可通过个人电脑、摄像头、手机等视频终端摄录及播放的视频短片。

从视频的形式上看,要想在十多分钟过程中牢牢抓住学生眼球,需要教师在录制视频时充分考虑视频的视觉效果,灵活采用画面、声音等多种表现手法,此外,字幕的配合也很重要,字幕是画面、声音的延伸和补充,能够弥补授课者口音的缺陷,更清晰准确地传达视频的信息。

从视频的内容实质上看,教师需要把握的是视频应有益于学生在课前进行探究式学习,视频应是那些足以激发学生兴趣,引发讨论、质疑的材料,如果视频只是单纯地录制教师讲授的内容，实质上还是没有打破学生被动接受学习的模式，只不过将听课的地点由课堂移到了课外，终究是回到了传统教学的老路。

3. 选取拓展性资料

除了传授知识所需的教学视频，教师还应当着手建立扩展资料库，为学生提供可以扩展学习的资料，这些资料包括其他开放学习平台提供的视频、文字阅读资料、习题库等。扩展学习有助于学生进一步了解所学内容的背景知识、与其他知识的联系，可以帮助学生更好地理解和掌握教学大纲中的知识点，同时还可以进一步培养学生自主学习的能力。

（四）教学活动

教学活动是翻转课堂教学的核心组成部分，翻转课堂的有效实施需要建立在设计良好的教学活动的基础之上。在翻转课堂教学过程中，学生新知识的学习已经在课前完成，取代了传统课堂教学中教师课中讲授新知识的模块，这种颠倒的课程形式显然给了师生更多的课堂时间。能否利用好课堂时间组织教学活动，促进学生知识的内化，是翻转课堂能否成功实施的关键。课堂教学活动可以有个人学习活动和小组学习活动两种形式。个人学习活动有进行小测试 / 调查、绘制知识网络 / 概念地图、解决问题等。小组学习活动有角色扮演、辩论、案例研究、小组内参访等。

课堂教学活动涵盖了解答学生疑问、重释难点、练习巩固、课堂讨论、探究实验等多个方面，教师需要根据学科特点和学生实际情况精心设计课堂活动。在真实的教室里，良性互动和面对面的、有意义的、深度的学习是最为重要的。若课堂形式过于单一，如全部用来做练习测试，则会让学生慢慢失去兴趣。若缺乏有实质产出的活动设计，则师生可能在课堂上感到无聊或无事可做。课堂活动对教师的教学能力和综合素养有较高要求，教师要在课堂上敏锐地意识到多数学生的困惑，并及时形成解决方案。

设计教学活动之前，教师要清楚地了解学生对课前知识的掌握情况，在此基础上，针对学生自学中遇到的难点进行讲解，进一步巩固学生所学知识，并有针对性地对学生进行辅导。教学活动应能够促使学生对所学知识进行回忆，加深对所学知识的理解，并应用所学知识进行讨论、解决实际问题以及创作作品等。因此，设计良好的课堂教学活动不仅可以达到复习巩固知识的目的，还可以促进学生对所学内容进行应用和创新，以达成对知识的第二次内化，从而完成知识获取的完整过程。

（五）学习分析

翻转课堂的教学评价除了应用传统的课堂评价手段外，还普遍采用基于在线教学的学习分析技术。学习分析技术，主要被用来对学生生成的海量数据进行解释和分析，以评估学生学业进展，预测其未来表现，并发现潜在问题。

教师利用翻转课堂网络教学环境收集大量学生学习过程中产生的数据，并利用学习分析技术对数据进行解释和分析，可以有效诊断学生的学习问题，评价学生的学习进展，甚至可以评价学生的高阶能力，如批判性思维、协作交流与问题解决能力等，并适当调整教学过程：学生自主学习存在的疑惑，可以用来作为课堂活动设计的基础；学生发现微课视频中存在的不足，可以用来调整视频等。比如，在微课学习过程中，教师发现某个环节或知识点被学生反复浏览和点击的时候，要意识到这可能是一个对学生来说难以掌握的知识点，或者自己的讲解有问题，需要据此调整教学。

二、翻转课堂的基本模式

（一）自主学习模式

自主学习模式强调任务驱动和问题导向，要求学生根据预习任务学会结构化思考，由浅入深逐步形成自主解决问题的能力；要求教师学会制作和上传教学视频，善于运用专题学习网站，善于组织交流学习成果，善于在聆听中发现学生的思维脉络，学会指导学生，并且在课堂上对需要帮助的学生做一对一的个性化指导。该模式容易上手，可以使初涉翻转学习的师生快速地发现其优越性。

（二）协作探究模式

协作探究模式同样强调任务驱动、问题导向，是一种基于项目的学习。它要求学生能够自主选择探究课题和研究方式，或根据课题、情景选择研究方式，通过小组观察、记录和数据分析等手段从事意义建构，学会平等讨论问题，发展交往能力。在思想碰撞、迁移和联想中激发智慧，形成解决问题的信念、方法和毅力。通过展示、深化学习成果，教师应善于策划协作探究的主题，善于指导而不是直接要求学生怎么做，善于观察、总结和组织交流讨论，善于激励学生探究的热情。

（三）太极环模式

本杰明·布鲁姆（B. Bloom）的认知领域教学目标分类理论相融合并进行建模，构建一个太极环式的翻转课堂模型。[①] 该模型将翻转课堂分为教学策划与准备、知识汇聚与内化、应用分析与探索、归纳总结与评判四个

---

① 曹文娟.基于分级教学的大学英语课堂优化研究[M].南京：江苏凤凰美术出版社，2019：181-182.

阶段。

1. 教学策划与准备阶段

教学策划与准备阶段即太极环式翻转课堂的教学准备阶段。这个阶段包含了教师对于翻转课堂的教学设计过程，对于教学目标、教学对象和教学内容的教学分析过程，课程内容的制作过程，教学活动和教学环境的设计过程这四个主要准备阶段。需要强调的是，课堂的教学对象应该是学生，课程的内容包含 PPT 课件、教学视频和试题测试等，教学活动主要包括教学主题任务、教学分组讨论等，教学环境主要是指教学装备、在线平台和互联网资源。教师应当充分做好这些教学准备，从而使自己更加有把握地完成课堂教学。

2. 知识汇聚与内化阶段

知识汇聚与内化阶段即太极环式翻转课堂的记忆理解阶段。在课堂教学完成以后，教师应当引导学生观看教学视频、搜索相关网络课程资源，然后对教学知识进行自测练习，从而初步完成对于相关课程知识的理解和记忆，对课程知识的理解是对于知识记忆的提升和升华，代表着一种更加高级的认知学习结果。[1] 通常，对知识进行汇聚与内化可以通过对相关知识的转化、解释和推断这几种形式来完成。

3. 应用分析与探索阶段

应用分析与探索阶段是太极环式翻转课堂模型中对于知识进一步内化的过程。学生在对知识进行记忆和理解以后，需要在小组内共同探讨对知识的具体理解，需要完成相关作业的练习，还需要反思和总结理解和记忆知识的方法，从而进一步内化课程知识。

---

[1] 张群慧. 互联网＋时代太极环模型翻转课堂的微课资源开发 [J]. 当代教育实践与教学研究（电子刊），2020（22）：287–288.

4.归纳总结与评判阶段

归纳总结与评判阶段即太极环式翻转课堂模型的知识综合评价阶段。学生学到知识以后，还要针对学习结果完成综合、全面的交流和评价，学生需要运用个人讲述、学习汇报、自我评价、小组互评这些评价活动来完成对于学习结果的评价。同时，在学生对知识进行理解和记忆的过程中，教师还要完成对学生理解内容的综合评价，最终促使学生在反复的碰撞交流中实现课程知识的完全内化。

第三节　翻转课堂在高校外语教学中应用的意义

一、翻转课堂有效推动了学生素质的全面提升

对学生而言，翻转课堂教学模式的意义主要体现在以下五个方面：

（一）提高学生自主学习能力

翻转课堂通过教学视频和多媒体内容，调动学生的学习主动性、培养学生自主探究能力，并通过课堂互动、合作、探究实现强化。

（二）增强学生的主观能动性

课前自学、课堂研讨等形式促使学生能够主动观察、发现问题，这有效避免了外语教学课堂一直处于教师讲解、学生被动学习的状态。

（三）促使学生转变学习态度

学生的学习态度从"要我学"变为"我要学"，在课前、课后自主学习

中发现问题，主动向同学、教师等请教、互动，逐步养成一种"我要学"的态度。

（四）提高学生的社交能力

翻转课堂强化了网上互动、课堂互动的教学环节，并安排充足的时间，使学生的沟通交流、语言表达能力得到提高。

（五）减少学生学习困难状况

学生如果有不懂的问题，可以反复观看课前学习视频和相关助学资料，直至弄懂为止。再加上进阶式作业与自我测评，使学生在学会一个知识点或技能点及其简单应用后，才能学习下一个知识点或技能点，避免了由于基础差异导致的恶性循环，最大限度地减少了学习困难。

二、翻转课堂有效减轻了外语教师的授课压力

对教师而言，开展翻转课堂教学模式能够使教师减轻授课压力。

（1）从重复的备课、讲课中解放出来，可以提前了解学习者的学习情况，有针对性地进行培优补差、个别辅导。

（2）将以学习者为中心的教学落到实处。多年来，教育界一直强调开展以学习者为中心的教育教学，但限于教学条件、学习者人数等因素，真正做起来困难重重。而翻转课堂教学模式实实在在地以学习者为中心开展教学，教师只起到引导、指导、答疑等辅助作用。

（3）在学习者自学能力、创新能力培养过程中，提高教师的职业能力水平。在高等院校教师职业能力的各级要素中，教师的教育教学设计能力、教育教学实施能力等将得到提高。

（4）课堂管理更轻松，充分调动学习者的学习积极性。翻转课堂教学过程不同于常规课堂要求得那么有节奏感，并有严格的教学进度要求，使教师不用受制于课堂 50 分钟或 45 分钟的时间约束，实现预期教学目标即可下课并安排学习者课后自学。

（5）通过课前及课堂的互动、答疑和个别指导等教学活动，教师更加了解学习者的学情，提高了教师和学习者之间的亲近感和信任感，化解了师生之间的矛盾。

三、翻转课堂有效增强了外语教学活动的活力

首先，翻转课堂最明显的优势就是真正将学习主动权归还于学习主体，强化了教师与学生、学生和学生之间的交流与互动，充分发挥学生的主观能动性。① 虽然传统课堂也引入了教学辅助指导、师生交流互动等教学改革环节，但限于传统教学理念和几十年一贯的教学条件和教学环境，这些教学改革大多仅流于形式，教学活动仍以教师讲授为主，学生并无"主体"地位可言。随着大数据时代的来临，高度发达的网络传输和计算机技术造就了颠覆传统课堂的"慕课"课程教学和学习形式，也使尝试中的翻转课堂教学获得了前所未有的教学地位。翻转课堂将传统课堂教学内容放到课后，学生利用教师提供的资料自主安排知识学习，其主体地位得以体现，其学习亦更加主动与有效。

其次，扭转了学习观念和学习态度。翻转课堂环境下的学习内容往往是基于问题的，即根据学生的兴趣和需要而自主选择的。学生遵循学校规定的总体水平目标，依据教师提供的学习材料或学习资源途径，自行完成知识建构和能力提升。教师将传统的课堂讲授、练习等环节转变为学习资料和待解

---

① 陈晓霞. 大数据时代背景下的外语教育研究 [M]. 北京：北京工业大学出版社，2021：144.

决的问题提供给学生，这种学习方式在将自主权交还给学生的同时，也增强了学生的学习责任感和持续学习的意志力，对学生独立思考和解决问题能力的培养大有裨益。

最后，由于将主要知识获取活动放在课后，学生对教师的依赖性逐渐淡化，被迫将获取帮助的需求转向同学和其他学习资源，使学生逐渐增强主动连接学习节点、主动与学习伙伴交流探讨的意识与能力。

第四节　高校外语翻转课堂教学模式构建

一、高校外语翻转课堂教学模式构建的困境

翻转课堂的应用启发外语教师转变教学理念，积极开展外语教学模式改革。随着社会的发展，现代信息技术日新月异，深刻影响着人们的思想和行动。外语翻转课堂教学改革如火如荼地开展，但在改革实践中仍存在一些问题值得关注。

（一）原创性教学资源数量不多

外语翻转课堂教学模式需要开发原创性教学资源。在翻转课堂中，教师为学生提供教学视频是课堂教学的首要环节，同时知识的传授也是由教师通过提供的教学视频来完成的。高质量的教学视频不仅能够帮助学习者更好地理解所学内容，而且还能有效提高学习效率和学习效果。但在实际教学中，有的教师为了节省时间和精力，直接在网络上选取现成的教学资源，这导致翻转课堂教学常常出现不"适配"的情况，即所选的教学视频内容与学生的

实际情况相去甚远，无法达到教学目标。尤其是在我国，学生学习外语的起点和基础不一，网上的教学视频并非适用于所有的学生。如果原创性教学资源的数量不多，质量不高，无法满足外语翻转课堂教学的需要，就会直接影响翻转课堂教学的效果。因此，根据学生的实际情况开发适合学生的原创性教学资源就显得格外重要。

（二）教师的教学设计能力不足

开展外语翻转课堂教学，教师毫无疑问需要具备一定的翻转课堂教学设计能力。传统教学中，教师在课堂上讲授，以帮助学生"识记"和"理解"，这种以教师为主导的教学模式忽视了学生的主体地位。翻转课堂提倡先学后教，以学定教，往日教师在课堂上的讲授现在由学生在课外自主完成。那么，在线下的课堂教学中，教师应该做些什么呢？翻转课堂教学的线上学习与线下学习如何协调、连贯？如何分配教学内容、安排教学节奏？这便成了一线教师进行翻转课堂教学时迷茫的地方。教师未经过翻转课堂教学系统的培训与学习，盲目跟风，或者出于学校的硬性要求，缺乏翻转课堂教学设计与实施能力，则可能造成翻转课堂教学环节的混乱，适得其反。

（三）学生的自主学习能力不强

外语翻转课堂教学模式需要学生具有更强的自主学习能力。翻转课堂"先学后教"是指学生先通过教师发布的教学资源和学习指南进行自主学习，其中涉及课前学生自觉观看视频、回答问题、讨论交流、上传作业等环节。但是长期以来，学生已形成定势，习惯于教师的教授和安排，突然将学习的权力交还给学生，学生可能还会惶惶不安。如果学生缺乏学习的自觉性和主动性，那么翻转课堂的教学效果将会大打折扣。学习最主要还在于学生自己，如果学生的自主学习能力不强，学习行为不好，那教师在设计翻转课堂教学时则要谨慎。教师不仅要关注学生的知识掌握情况，更要注重学生确定学习目标、制订学习计划、选择学习材料、完成学习任务的能力和素质。①

（四）课堂教学评价的方式不新

外语翻转课堂教学模式需要改变课堂教学评价方式。传统的外语教学成效通常是通过考试分数评定的，忽视了学生在外语学习过程中的情感因素、心理特征、认知水平、个性特点等。翻转课堂在教学方式、师生角色、课堂讨论等方面均与传统教学有着很大的差异。这些差异要求教师在翻转课堂教学中采用形成性评价与终结性评价相结合的多元评价方式，落实"教—学—评"一体化，使评价更全面、准确和灵活。但在翻转课堂的实际教学过程中，多数教师仍然采用以往单一的终结性评价方式，忽视形成性评价，使学生在课堂中无法收到教师的及时反馈，难以激发学生学习的积极性和主动性，导致翻转课堂教学效果不理想。

二、高校外语翻转课堂教学模式具体构建

教师应用"原理—程序—操作"三层次设计策略体系，对翻转课堂进行设计和实施，引导学生使用以"自主、探究、合作"为特征的学习方式，对学习内容进行自主学习、深入探究，并进行小组合作交流，从而达到课程要求的认知目标与情感目标。

（一）教学设计

建构文化自觉的设计，充分考虑我国国情，明确我国外语人的责任和使

---

① 许楠，王中意．新时代外语翻转课堂教学改革研究 [J]．科学咨询，2023（3）：130–132．

命——"传播中华优秀文化，讲好中国故事"。随着我国综合国力的提升，我们需要在世界的舞台上展现我们的文化自信和影响力。因此，大学外语教学设计要从文化自觉和自信角度出发。

探索技术优化的设计，丰富程序性设计策略，与更多现代化信息技术手段相结合，如虚拟翻转课堂，促进学生积极开展基于项目的合作学习和自主学习，以达到最佳学习效果。现代信息技术的发展为教育教学的变革提供了技术支持，大学外语的教学设计也应从技术层面进行优化设计。

探析内容定向的设计，围绕中国学生发展核心素养，基于"人与自然、人与社会、人与自我"三大主题选择教学内容，将语言学习与学生的思维、文化和学习能力发展相融合。大学外语教学一般都是基于单元主题，进行整合的内容定向设计，这方便了教师基于主题和语篇，进行意义探究的语言教学活动。

（二）教学方法

创设情景，为学生搭建语言学习支架，引导学生发现并提出问题，进而开展基于翻转课堂的课内外教学探究活动。大学外语的学习需要真实的交际情景，翻转课堂旨在创设生成性问题的情景，以问题为引领，缩小课堂上学习的语言和实际生活中运用的语言之间的差距，促进学生综合语言运用能力的发展。

启发思考，为学生提供情感激励。教师与学生进行多维互动，开展师生、生生之间多种形式的教学互动，以科学的评价方式，如发展性、过程性或表现性评价，弥补传统的以纸笔测试为主的终结性评价的不足，提高学生学习的积极性。

组织学生自主或小组探究，协作交流，总结提升，营造学习氛围。"自主、探究、合作"是积极的学习方式，教师要在教学活动中通过问题或任务调动学生的外语学习积极性，促使学生主动参与外语学习活动。

第五节　多模态视域下的高校外语翻转课堂教学研究

一、多模态基本概念阐释

（一）多模态的内涵

在有助于意义生成技术不断丰富的当下，教学不能仅仅用单一的一套标准或方法完成语言读写教学的目标。新伦敦小组将社会符号学应用于语言教学，提出多元识读能力（Multiliteracies）的概念。多元识读能力指在使用目标语进行交际时，运用多种模态建构意义的能力。"Multi"（多元化的）有两个维度的含义：一方面，扩大语言教育的概念和范畴，涵盖语言和文化多样性、多元文化和多类型文本的关联性；另一方面，语言读写教学需将与多媒体信息技术相关的各类型文本形式都归入语言识读的范畴。

模态（Mode）是为满足交流沟通的需求，有助于意义建构的所有途径和形式；语言表达模态只是一种交际的模态，意义的生成是语言交流过程中一系列社会学符号资源共同构成的，可以由六种基于"设计"意义的模态构成，包括语言、听觉、视觉、体势、空间意义和多模态意义，其中，多模态意义统领前五种意义模态。以歌曲和电影多模态意义建构为例，其意义包括：词汇、隐喻和句法结构的语言意义；音乐和声音效果的听觉意义；图画背景和前景效果的视觉意义；地理、环境和建筑设计的空间意义；肢体语言、触觉和行为的体势意义。

胡壮麟对多模态理论的译介发挥了重要作用，他认为模态和媒体的关系是话语和技术的关系，媒体是表达意义的物理工具，模态是用某种媒体表达意义的符号系统和特殊方式；赵春荣（2021）提出外语教学中多元读写能力发展主要包含语言读写能力、社会交际能力和技术读写三种能力。[①] 其中语言读写能力指学生认识语言模态意义潜势的特点，利用语言模态与其他模态在不同语境中协同和配合的语言识读能力；技术读写能力指学习者通过使用信息技术，检索材料、完成与信息技术相关的各项任务的能力。

（二）多模态话语

多模态话语分析（Multimodal Discourse Analysis，MDA），指对多种模态的语言符号及它们之间的关系、意义、特点和功能进行分析。人们发现话语意义不仅仅通过语言传达，肢体语言、音像图文等非语言形式同样具有话语意义，因此，对话语的语言模态和非语言模态的分析渐渐兴起。基于系统功能语言学理论，多模态话语分析框架的搭建日臻成熟。

在整个外语翻转课堂中，教师普遍语速较快但句子简单，语调变化丰富，同时肢体语言形式丰富且频率较高。这给教学带来了以下积极影响：

第一，强化作用。教师的纯语言配合适时的语调变化和丰富的肢体动作，一方面，有助于教师强调重难点内容，如用降调重读和放慢语速来讲解相关知识点，能吸引学生注意力，强化学生记忆，另一方面，有助于强化教师积极情绪的表达，教师丰富的语调变化和多次与学生的眼神接触，能够有效传达鼓励、邀请和肯定等积极情绪。

第二，调动学生参与积极性。通过语调变化、点头或竖起大拇指等多模态话语间的配合，教师的表扬和肯定得到了进一步强化，使学生在回答完问

---

① 赵春荣.多模态视域下翻转课堂教学模式的构建[J].开放学习研究，2021，26（5）：27-34+52.

题后信心大增。同时，通过眼神接触、转向或走向学生，给予学生足够的关注和鼓励，大大提高了学生的课堂参与度。整个教学过程中，学生紧跟教师节奏，共同完成学习目标。

第三，使教学内容和指令简单易懂。在纯英文的教学环境下，学生能否充分理解教师话语直接影响教学效果。教师在传达指令或讲解疑难点前，总是先与学生保持眼神接触，抓住学生注意力，然后在说话的同时辅以肢体语言，帮助学生理解晦涩的言语。这使教学内容和指令更易于学生理解，有利于教学活动的顺利开展。

第四，活跃了课堂气氛。教师在冗长的讲解后，可以用滑稽的肢体动作或笑话，将走神的学生吸引回课堂，以活跃课堂气氛，营造一个生动活泼的学习环境。

然而，除了以上四点积极影响外，教师的一些多模态话语也带来了一些负面影响，主要集中在以下两点：一是教师语速过快，讲授内容可能会超过学生的理解阈值，造成学生理解困难，甚至使学生因为无法理解而走神或者跟不上教师的节奏而产生挫败感；二是教师多余的肢体动作尤其是频繁的手部动作有时会使学生分心，不能集中注意力于教学内容上。[1]

教师在开展翻转课堂时，要注意语言模态和非语言模态话语的配合，选用适当的语速，尤其是在表达教学指令时应尽量使用简单句，帮助学生理解；还要善用语调变化，向学生传达积极的情绪，增强学生自信心，提高学生参与感。同时，教师还要结合丰富而适当的肢体语言和其他非语言模态话语，牢牢吸引学生注意力，活跃课堂气氛。但在使用非模态话语时要注意适当和适量，多余的动作有时反而会起到负面作用。

---

① 李亭亭.英语翻转课堂教师多模态话语分析 [J].开封文化艺术职业学院学报，2020，40（1）：115-116.

二、多模态视域下外语翻转课堂教学模式

（一）多模态翻转课堂教学模式构建的基础

沉浸体验式学习环境对语言习得至关重要。多模态教学理论认为基于情景的实践（Situated Practice）是非母语环境下语言教学的重要解决方案，教学应利用职场情景和公共环境中的真实语料，提供基于情景的实践和沉浸式体验。富含文本、图形、图像、动画、音频、视频、身体语言等多模态符号的呈现，能够提供多感知下的多模态协同刺激，提高学生对语言知识的沉浸式体验，从而对其进行理解、识记和应用。技术与社交媒体相结合的多模态教学环境可以增加多模态意义建构的途径，对"数字化一代"的语言学习者更富有吸引力。

尽管多模态教学框架的四个教学组成部分"亲身经历、概念化、分析和应用"不分先后，可以以任何顺序进行。但是，这种无固定教学程序的教学方法具有一定模糊性，在教学实践中会产生一定的困难，对于教学经验欠缺的教师来说，可能会有无从下手的感觉。此外，由于教学评价改革承担较高的风险责任，多模态外语教学的实践主要集中在阅读和写作研究中，目前对主观性较强的口语应用能力的研究比较少见。

开放大学是以信息技术为支撑，在国内较早采用自主学习和面授教学相结合的混合教学模式的新型大学，课前自主学习与面授教学的课时比例通常是 1 : 1，因此，学生能够较为容易地适应课前对语言知识技能的体验和概念化，课中对语言知识和技能进行分析、应用和内化的多模态翻转课堂教学流程。开放大学作为新型高等教育形态之一，对我国构建服务全民终身学习的教育体系和实现学习型大国的宏伟目标举足轻重。[1]

---

① 吴遵民 . 开放大学评价"五问"[J]. 教育科学文摘，2023（1）：39-40.

经过深入比较，多模态教学四个关键环节中的"亲身经历""概念化"与翻转课堂教学模式中"课前知识输入"的学习目标，"分析""应用"与翻转课堂课中阶段互动应用、批判性思维培养的内涵特质具有一定的统一性。因此，为应对多模态教学理论无固定教学程序带给教学实践者的挑战，应增强其可操作性，将多模态"设计学习"的四个知识加工的重要组成部分与翻转课堂教学模式"课前知识输入""课中知识内化"的教学流程相结合，围绕应用能力培养的教学目标，以联通融合的多模态环境为基础，"产出为导向"的多模态评价为驱动，"设计学习"理念下的多模态交互活动为框架，构建多模态翻转课堂教学模式。

（二）多模态视域下外语翻转课堂教学模式详解

1. "五位一体"联通融合的多模态教学环境

多模态教学资源环境是基于现代信息技术和社交媒体的流动环境。以翻转课堂教学模型为基础，建构了由四种模态的资源及一种社交平台共同构成的"五位一体"的多模态教学环境。四种模态的资源包括数字化的文本教材资源、APP 移动学习资源、Moodle 云平台上的网络课程以及智慧口语训练资源。首先，多模态、富媒体文本纸质教材不仅包含了语言文字、图片、表格以及卡通画等传统的静态文本，还可以通过手机终端扫描单元对话、听力、阅读材料及单词表旁的二维码，便捷地获得相应的音频资源。其次，APP 移动资源中既包含了数字化教学资源，还实现了口语录音、练习、记笔记等助学功能，调动学生将语言（书面、口语、副语言）与视觉、听觉和触觉等多种感官协同进行意义建构。再次，由于 Moodle 平台对信息的承载量巨大，平台上的网络课程集"学、练、测"于一体，覆盖全课程的视频课程能够满足学生课前自主学习的需求。最后，体现最新人工智能技术的 FiF 口语智慧平台实现了人机交互和 AI 口语即时评价的功能。

在"五位一体"多模态环境下，社交媒体具有激发实时互动的核心作用。当多模态环境中师生、生生、组内、组间、人与环境之间充分地交互时，其他四种模态的教学资源才可能被高效利用，课上课下的现实空间、网络中的虚拟空间以及线上线下融通的混合空间的教学资源才能够实现联通融合。通过"微信"社交平台，外语教师应建立多模态环境中互动的联结点，保障学生表达学习需求的渠道畅通，为学生提供有温度的情感和学术支持。

在"五位一体"多模态教学环境中，纸质、移动和在线三种媒介的资源并驾齐驱，互为补充，学生按照资源可获得的便利性和个性化需求进行选择和自主学习。在课前学习阶段，数字化教材、移动学习 APP、网络课程和 FiF 口语智慧平台能够充分调动学生的视觉、听觉、触觉以及发音器官的多感官协同，在虚拟环境中完成语言知识、技能的亲身体验以及对课程内容概念的初步理解和反思。在课堂真实环境中进行协作式的参与、分析批判和实践应用，实现对知识的深度学习和高阶能力的内化，从而获得外语应用能力的提升。

2. 基于"产出导向法"的多模态评价体系

多模态评价体系是采用多种模态手段进行多模态意义建构过程的学习评价，形式包括教师评价、自我评价、学生互评、基于大数据和 AI 技术的评价。多模态教学评价以语言产出为导向，增加对外语应用能力考核的权重，促进教学目标与教学评价之间的有效衔接。课前，教师根据 Moodle 平台的在线测试成绩与 FiF 平台朗读词汇、句子和对话的口语录音、口语作业以及学生反思报告，进行学习评价。课中，教师可以依据客观的平台大数据，也可以通过朗读、角色扮演、配音、情景表演、小调查、思维导图等课堂多模态的展示，与学生一起进行多种评价。学生通过视觉、听觉、触觉、发音器官和体态等多种感官，形成由课前预习的音频/视频、文本、动画、图片、文本反思单、体态、表情、发音以及空间模态的课堂展示、声音等组成的多模态、全过程性的电子学习档案。

在教学管理方面，多模态翻转课堂教学评价比传统标准化教学评价要复杂得多，智慧教学 FiF 口语训练平台不仅能够完成产出性口语作业的即时反馈和资料存档，简化教学管理工作，解决外语课程大班教学中师生比不合理带来的个性化辅导不足、学生应用和语言展示机会不足的问题，还在一定程度上实现了评价的客观性。

第六节　翻转课堂在高校外语教学中应用的要求与策略

一、翻转课堂在高校外语教学中应用的要求

（一）教师专业素质的支持

教师在翻转课堂教学里起的是引导作用，要观察、判断和分析每个学生的自主学习能力，通过因材施教、个性化指引培养学生的创新创造性思维，深入剖析和解答学生的疑难问题并指引讨论，开阔学生视野，培养学生分析问题、解决问题的能力。这就需要教师具备较高的专业技术水平、广阔的学术视野、敏锐的洞察分析能力，同时还要具备一定的人才培养技能，对不同论题采用不同谈论方式，对不同学生采用不同教育激励方法，这样才能在掌控课堂进度的同时，提升学生的学习积极性和主动性。

（二）网络学术资源的支持

翻转课堂里教师提前布置教学内容、提出教学谈论问题、适时跟踪学生学习进度、测评学生学习情况，而学生需要根据教师提前布置的学习内容通过线上进行自主学习，这就要依靠大量的网络资源，其资源可以是任课教师自制的微视频线上课堂，也可以是其他学校教师公开的线上课程资源，这就需要教师制作的微视频要清晰、连贯且不失生动和吸引力，这样才能使学生在独立完成学习任务时提高注意力和兴趣，同时有条件的学校还可以为学生提供云技术支持下的大数据分析，增加学生获取信息的广度和深度。

（三）学生思维方式的转变

目前翻转课堂在我国实行得并不很普遍，就是说从小学到中学基本上采取的还是传统的教学方法，长期传统的教学方式已经使学生养成了面对面的学习习惯，大学课程如果要进行翻转课堂教学，就需要引导学生转变学习思维方式，接受并喜爱翻转课堂，经验丰富的教师可以整个学期采用翻转课堂学习，经验不足的教师可在整个学期的前期采用传统的面对面授课，后期逐渐加入翻转课堂教学，逐步推进翻转课堂的应用，让学生有个接受和转变的过程，循序渐进，逐步影响，逐步提高学生对翻转课堂的认可度和喜爱度。

二、翻转课堂在高校外语教学中应用的策略

（一）翻转课堂的应用前提

第一，必要的硬件设施和教学环境。翻转课堂教学模式要求教师将授课内容制作成微视频以供学生预习，再拿到实际教学中展开探究；要求学校不断更新和升级硬件设施，努力为学生营造清朗的网络环境；创建网络外语学

习平台，为构建高效课堂做好铺垫。

第二，加强教师对翻转课堂的认知，提高教师媒介素养。学校应加大翻转课堂教学理念宣传力度，认识到翻转课堂教学模式的重要价值，提高认知；不断组织教师开展翻转课堂教学竞赛活动，通过比赛交流经验，提高教学水平和育人能力。

另外，翻转课堂教学模式以信息技术为核心，教师须利用网络技术筛选符合学生特点和实际诉求的资源，以丰富授课内容，要求教师具有一定的搜索、整合资源的能力。另外，教师须树立终身学习理念，积极学习前沿知识，将热门话题结合信息手段以图文并茂的形式呈现，确保学生听得懂、学得会、有收获。

（二）合理布置课前任务

学生课前预习质量直接影响翻转课堂教学模式实施效果。教师在备课阶段需要结合教学大纲内容、学生实际情况设计预习任务，并站在学生"学"的角度表述任务，确保学习目标直观易懂。翻转课堂教学模式要求学生利用碎片化时间自主完成教师布置的预习任务。一方面，课前任务量应以学生的实际情况和承受能力为基础，如果任务量超出范围或过大很容易增加学生负担，如果任务量过小则无法实现预期目标，从而影响学生学习积极性，甚至对外语学习产生倦怠；另一方面，课前任务应充分考虑学生的学习水平和学习能力，为不同层次学生提供"定制化"学习任务，真正做到"因材施教"。除此之外，教师应为学生预习提供指导和辅导，引导学生挖掘学习任务中的重难点。

（三）精心设计教学视频

学生课前预习效果和学习体验取决于视频内容质量。为了确保教学过程的顺利开展，教师需要精心设计课前预习视频，视频时长控制在 3~5 分钟，时间过长学生很容易出现视觉疲劳，致使学生学习热情降低，而视频过于简短则无法达到教学目的。视频内容质量也尤为重要，内容精简凝练、主题明确势必会提升学生自学质量。部分外语教师在使用翻转课堂教学模式时为了提高视频内容的亲切感选择亲自录制，但是由于他们缺少视频剪辑、制作的相关知识和技能的支撑，视频画质模糊、话术和语言延迟等，不仅难以有效推动学生开展自学活动反而形成了阻碍。所以，教师录制视频时须将课程目标、课程标准、教学重难点、教材内容与学生学习和日常生活有机融合，帮助学生学以致用、举一反三，领悟到"教育即生活"；还应重视视频内容的质量、录制环节的选择、语言表达的亲和力以及后期处理，即便利用网络优质视频，也应根据具体教学方案和学生情况加以完善，并不能随意乱用，否则无法保证教学目标的实现。

（四）助推教师专业发展

1. 及时完成角色转变

教师角色重塑的主要动因是教师本身。首先，从教师的角色定位来说，学生是翻转课堂教学模式的主体，教学要以学生为中心，教师虽然是课堂教学微视频的研发者和制作者，但是仍需要根据学生的具体学习要求设计和制作，还需要考虑视频内容和结构的合理性，达到逻辑结构清晰，兼具互动性、引导性以及层次性。其次，在翻转课堂模式中，教师设计学习活动需要充分考虑学生的情感，激发学生积极主动参与课堂讨论的动机；同时，教师也是学习活动的组织者和参与者，不仅要引导学生在交流、互动和学习中发展自我，而且要融入学生群体，建立有效交流和讨论的渠道。最后，从教师的课后角色来看，在翻转课堂模式中，教师更多的是学习辅导者，既要及时辅导学生的课后学习，又要引导学生在课后完成知识的深化、反思及提升。

2. 强化团队协作精神

团队协作精神是影响现阶段高校外语教学改革的一个重要因素，为了进一步推广翻转课堂教学模式，教师必须充分发挥团队协作精神，打破传统教学模式中教师"单打独斗"的局面，高校外语教师应当与其他学科甚至其他高校的教师联合起来，发挥自身的教育特长共同设计和研究高校外语教学的方法和模式，实现教育教学心得与经验的分享。教师擅长的领域各不相同，在翻转课堂教学模式下的教师团队中，教师既要充分利用和整合其他教师的专长，又要协助其他教师发挥设计教学内容等方面的专长，最终为外语课程制作和开发出最佳的教学资料和教育资源。

（五）科学处理答疑环节

外语教师在利用翻转课堂时应将自主性、合作性和趣味性内容融入其中，避免内容单调、手段老套；还需要利用少许时间和学生探讨本节课所学重难点知识，进一步了解和掌握学生难理解、未理解的问题，并协助学生将这些内容加以梳理总结，为学生知识框架的构建做好铺垫。对于学生困惑、有争议的问题，教师须引导和鼓励其答疑，让学生积极解答困惑，使答疑解惑有效地巩固所学内容。另外，为了确保翻转课堂教学模式的稳定实施，教师应以学生学情为基础提出与教学主题、教学目标相关的问题，借助小组学习和合作探究等多种形式来解决学生自学过程中遇到的问题，培养学生独立思考能力、语言表达能力。教师在小组合作探究中需要以学生为中心，并对探讨中遇到的各种问题给予适当引导，使学生对知识的掌握到点到面。小组探究结束后学生进行汇报交流，教师对于重难点问题进行针对性讲解，进一步加深学生对知识的掌握和理解。

（六）重视教学总结与评价

教学总结与反思是提高教学效果的重要途径，有效的总结可以更好地梳理知识间的联系，有助于知识框架的构建，加深对重难点知识的记忆。翻转课堂教学模式下的总结需要师生共同参与，不仅可以锻炼学生的思考能力和逻辑思维能力，也有助于教师深入了解实际学习情况，审视教学过程中的不足与短板，并在设计和制定教案、教学目标等方面加以完善改进，积极反思自身教学行为。鉴于此，外语教师的教学总结应关注学生思辨意识的形成，善于为学生创造学习空间，引导他们总结本节课学习内容，并帮助其制定课堂总结中需要坚持的原则，提高对知识总结的能力。

教学评价是衡量翻转课堂教学模式应用效果的重要途径，评价方式以形成性评价为主，评价内容包括预习情况、课堂表现、小组探讨参与度、小组汇报结果。并且整个评价通过教师评价、生生互评、组员互评等进行，通过自我评价引导学生反思自己学习中的缺点，在自我批评、自我反思和自我教育中得到提升，真正实现自主学习；生生互评中通过客观理性的评价汲取其他同学身上的优点，实现取长补短，再次提升自我认识，让学生在学习过程中有所收获、有所提高。

翻转课堂并非一定要利用现代化技术，而是新兴技术能够使授课内容更加丰富、教学媒介更加多元，使学生参与教学活动的内外部动机得到提升。相对于传统教学模式而言，翻转课堂教学模式更强调学生学习的自主性，而且多样化的网络教学资源便于教师拓展和延伸授课内容，使知识更为鲜活生动地呈现在学生面前，使教师更加平等地与学生沟通互动。总之，外语教学与生活实际割裂等问题使外语教学革新势在必行，理应时刻秉持时代发展诉求，将翻转课堂教学模式与传统教学模式双向结合，推动外语教学再上新台阶。

第五章　基于慕课的高校外语教学研究

　　慕课是现代社会和教育发展的产物，是发展中的新事物，有较大的空间供包括外语学科在内的学者和教师去研究开拓，从中找到提高外语教学效率的方法和技巧。就已有的实施效果看，慕课同传统的课堂教学比较，具有许多优势。慕课是一个大平台，有多种可能的应用方式。高校外语教师应该借助慕课这一新途径，在尊重外语学习规律的前提下，探索更加有效的教学方法和手段，发挥慕课的优势，培养学生的外语学习能力，达到提高外语教学效率的目的。

第一节　慕课概述

一、慕课的内涵

　　慕课的概念最早起源于美国，即通过信息技术实施的大规模在线开放性课程，通过网络的虚拟性突破传统的教学时间和空间限制，进而提高学生的学习自主性和学习效率。在慕课模式下，一名主讲教师进行内容讲授，同时可有千万人参与课程学习，并通过论坛互动、作业练习和在线测验等形式提高学习效率。慕课的本质是在线远程教学，特点是以视频教学为主要载体，任何人通过电脑终端登录系统都可以进行在线学习。慕课主要利用学习者的碎片化时间，通过在线与学生互动，帮助学生精准掌握知识。

慕课的创新点是学生可以根据自己的时间进行学习安排，同时根据自己的能力和兴趣选择学习内容。慕课解决了学习资源不均衡的问题，能帮助学习者扎实掌握所学内容。将慕课引入高校外语教学，可以弥补外语教学的不足，并有效提高外语教学效果。①

二、高校外语慕课教学平台的功能

（一）慕课教学平台的自主学习系统

慕课教学平台拥有自主学习系统，学生可以自己登录慕课平台来实现自主学习，系统中提供了非常丰富的外语学习资源，通过视频的方式来引导学生学习外语语言知识，并对自己的外语语言技能进行训练。自主学习系统又可以分为选课版块和自学版块，学生可以根据自己的兴趣爱好以及现实的学习需求来自主选择学习的内容，包括写作、阅读、听力等方面的内容，学生可以灵活选择，实现个性化学习。在自主学习系统中，学生可以自己对外语学习进度进行设计，不需要按照传统外语教学的进度来学习，这样就能够满足不同学习能力和不同学习基础的学生的学习需求。学生可以选择自己的知识薄弱环节来加强训练，进一步巩固课堂知识，并查缺补漏。

（二）慕课教学平台的教学管理系统

慕课教学平台是为师生提供的在线学习和教育平台，因此还设计了教学管理系统，教师可以通过教学管理系统来实现对学生自主学习的监控，了解

---

① 王锐. 高职英语慕课建设策略研究 [J]. 中小学电教，2020（22）：24-25.

学生登录慕课之后的内容操作和流程实施，通过教学管理系统来实现教师对学生学习的管理。教学管理系统能够发挥导航作用，指引学生完成阶段性学习之后进行检测，并为学生的学习内容选择进行引导。教学管理系统的监督功能能够更好地引导和制约学生，调动学生自主学习的积极性，促使学生积极参与到慕课平台的自主学习中，而教师也可以通过教学管理系统把握学生的自主学习状况，并依据学生的平时表现来实现对学生学习过程的评价。比如，教师可以通过教学管理系统掌握学生的在线时长、是否按时完成知识检测、是否阅读了教学平台中的教育资源等。

（三）慕课教学平台的评价反馈系统

慕课教学平台中的评价反馈系统是为了更好地对学生的自主学习意识和行为进行监督、调控和鼓励等。比如，评价反馈系统中有课堂检测版块，学生阅览了相关的外语教学视频之后，慕课系统会弹出随堂检测要求学生完成，教师可以通过学生的习题完成情况来了解学生对知识的把握程度。此外，评价反馈系统还会对学生的学习过程进行反馈，如学生在线学习的时间报告和学生在慕课平台学习过程报告，这些都能够帮助教师更好地把握学生的学习过程。系统中还有过关检测模块，当学生完成某一项技能的学习之后，系统就会弹出过关检测，在线考核学生的外语技能掌握。

三、高校外语慕课教学模式的特点

慕课教学模式具有大规模、开放性和互动性等特点，它完全颠覆了我国传统的外语教学理念，能够有效弥补当前的外语教学在实践中的优缺点和不足。慕尼黑公开课大规模的主要特点让更多的教师和学生可以免费获取优质的资源和前沿的知识，促进了学校的教育公平。在课堂情景模拟教学部分，学生和教师可以通过视频、图片、文献等多种形式对自己所学的知识内容进行情景模拟综合练习。成绩的评定也基本上是趋向开放公平的，如开放同伴互评、系统自评、开放作业等，更加注重对学习和工作过程的公平评价。慕课的优势和特点使得外语教学过程中遇到的如外语教学模式陈旧、师资力量薄弱、教学绩效评价重结果轻教学过程等诸多问题都可以及时得到有效解决，因此，在外语教学过程中引入慕课具有很大的意义和必要性。

（一）慕课提高了学生和教师地位的平等性

在慕课背景下，学生和教师可以课前在学校的慕课学习平台上根据自己的实际情况，学习本校的基础外语课程、完成外语作业、进行外语能力测试等。教师主要负责为学生答疑解惑等，从而彻底突破了时间和教学空间的限制，打破了学校传统的课堂教学模式。教师的职能和角色从过去课堂上的学习主导者逐渐转变为学生在课堂学习的主要支持者、引导者和学生的合作者，实现了教师和课堂的职能翻转。首先，由于慕课的内容丰富多样，教师不仅要加强学生对外语专业基础知识的掌握和学习，还要帮助学生了解外语国家的历史文化、民风习俗以及与其相关的知识，提高自身的外语能力和综合外语素养，成为中国学生外语学习的重要引导者。其次，教师必须具备能够正确地判断大多数教师和学生的外语学习基础的能力。

（二）慕课有助于共享教学资源

在传统的外语学习中，教学通常都是一次性的，难以重复循环教学过程，无法实现共享教学资源，然而慕课教学可以将该问题有效解决。就外语教学来看，不同的学生由于学习方法和学习技巧的不同，其学习能力也是有差异的，然而因为教学进度需要保持一致，造成学习成绩差的学生不知如何学习外语，也不愿意主动学习外语。而慕课能够满足不同层次学生的学习需求，学生可以通过自己对所掌握的语言知识的理解，对自己所学到的语言知识进行恰当的挑选，通过资源共享，学生的学习过程能够从单一向多元化转变。近年来，随着慕课的快速发展，其教学资源得到了极大的丰富提升，受到了广大教师和学生的喜爱，加大对外语教学的投入，对提高外语教学质量具有重要意义。通过共享教学资源，学生可以结合个人的兴趣，选择自己感兴趣的教师，以发现符合自己需求的学习方法。并且共享慕课教学资源可以推动统一教学，减少不同地区之间教学资源的差距，以保证教育实现平衡发展。

（三）慕课改变了传统的教学评价方式

慕课为广大学生和教师提供了更加开放的外语学习方式和环境。随着其学习环境的变化，对于学生的学习能力发展情况的综合评价与考核方式也相应发生变化。教学过程中的评价不再对学生所学知识进行简单的知识等级分层，而是通过让任课教师及时地掌握和了解学生的实际学习情况，从而适当地调整自己的课堂教学方法和节奏，更加注重对学生在课堂学习的过程中所具体表现出的学习态度、学习能力及其协助精神进行评价。

第二节　慕课给高校外语教学带来的机遇与挑战

一、慕课给高校外语教学带来的机遇

（一）慕课给高校外语教学带来了丰富多元的教学资源

慕课的主要课程资源是视频资源，多围绕某个话题或主题而展开，逻辑严密且完整。同之前的书本教材相比，电子视频资料能够提供更为丰富生动的教学资源。由此能够有效体现外语的实用性，将外语运用到各种知识与情景之中，打破地域和时间的限制，实现动态教学。同时信息资源共享也能够发散学生的思维，无论是听说材料还是读写材料，都可以通过教师借助互联网收集分享给学生，增强他们的语言文化知识背景。除此之外，慕课的教学内容都是免费的，学生可以免费聆听优秀外语名师亲自授课，这对于那些想出国学习语言的学生而言是一种福利。慕课为广大普通人打开了一扇通往常青藤高校的大门。这些免费、大量、优质、真实语境的教学资源，对于我国的外语教师而言，是可以二次开发的广阔空间和发展机遇。

目前，世界慕课平台上虽然很少有外语语言类课程，但多数慕课都是通过外语讲授的，而且慕课平台提供了一些与特殊用途外语相关的课程内容，如 Coursera 平台提供的杜克大学的论文写作课程，爱丁堡大学提供的全球视野下的批判思维能力课程等。这些世界知名大学为我们的外语教育提供了大量的学习资源，其中以内容为依托的教学模式以及不断增多的特殊用途外语教学的辅助材料，有助于提升语言学习者的综合人文素养，培养全球化视野下的思辨思维模式和跨文化意识。

（二）慕课转变了外语教学的理念，有利于外语教学模式的重新规划

随着慕课融入外语教学的进度越来越快，原有的外语教学理念也不得不随之改变。外语教学正由单一办学主体向国际化联盟办学主体转变，由个体学习模式向团队与个人相结合的模式转变，由课堂教学向多种形式教学转变，由人工教学管理方式向智能化教学管理方式转变。慕课的出现可以实现外语教学异校之间的教学共享，可以打破学校与学校之间的壁垒。近年来，在慕课平台上出现的 Coursera、EdX、Udacity、Udemy、Future Learn、Canvas

Network、Open2study、Khan Academy 等，都是多所学校联合开发和分享的课程。慕课使学生能够根据自己的进度和接受能力合理调节自己的学习进度和学习课程，是学生自主化学习的体现；同时，慕课有利于教师根据学生个体情况制作个人"晴雨表"，把握学生的学习需求和智能化地管理每一个学生。

慕课时代为高校外语教学带来了挑战，但同时也带来了机遇。慕课时代，高校学生在学习过程中能够借助慕课自身的广泛性、针对性及共享性特征，展开相应的学习，这也促使高校管理者对外语教学进行重新定位，并借助慕课时代的互联网思维，注重对外语教学的创新，结合具体的外语慕课，能够实现对外语教学的优化和创新，并在外语学习中树立价值观，传统意义上的外语教学是应试教育，所以相应的功利化趋势较为明显，更多的是基于书本和教材知识来展开教学，而新时代的外语教学更多的是通过集中和整合广泛的教学资源，帮助学生实现更有深度和广度的知识学习，应用慕课进行外语教学，能够有效提醒学生要做好规范化的教学整合，并以此来增强学生的外语学习能力和后期的应用能力，不断增强自身的外语语言技能，提高学生的综合人文素养和交际能力。随着互联网日益深入外语教学活动，借助慕课可以帮助高校做好教学模式的整合及优化，并对其教学模式做好相应的规划。①

（三）慕课给高校外语教学带来了多模态的教学方式

多模态话语是指运用听觉、视觉、触觉等多种感觉，通过语言、图像、声音、动作等多种手段和符号资源来进行交际的现象。20 世纪 90 年代，随着计算机网络以及多媒体技术的不断发展，多模态理论被广泛地应用到外语教学实践当中，多模态交际使学习者通过多渠道获得信息，从而比单模态更容易理解和记忆所学知识。进入 21 世纪后，多模态教学模式的研究逐渐取

---

① 田雪飞. 慕课时代大学英语教学的机遇与挑战 [J]. 长江丛刊，2020（7）：106+162.

代传统的单一教学模式，伴随这一趋势，慕课多采用多模态教学方式，将音乐、视频、电子课件和网络链接等融入并运用到在线课堂中，通过语言、图像和游戏等手段构建多模态语篇，从听、说、读、写四个方面提高学生的外语语言知识和语言运用能力，吸引更多学生保持更长久的注意力。由于教学方式的改变，慕课将更多动态元素应用到外语教学当中，更有助于培养和提高学生对外语学习的兴趣。例如，创造语言学习游戏的电子冒险游戏平台已经成功地加入慕课平台。综上所述，由于多模态的介入，慕课外语教学的生动性与真实性更为丰富，语言更趋向于情景化。

（四）慕课实现了学习和生活的统一

慕课的优势在于能够让学生不受时空的限制就可以学习到国内外最优秀的课程。外语教学作为中国本土化的一种教学方式，多数教师为本土教师，而本土教师在外语感知、外语表达能力上显然比外国教师有劣势，而"慕课"可以弥补这方面的不足。"慕课"的平台设计也免除了学生不能与教师互动的担忧，不同设备之间的断点教学，也支持师与师、师与生之间的协作交流和实时互动。这些便捷的传输方式使得学生可以轻松而悠闲地学习到外语国家最新、最地道的语言。在足不出户的情况下，学生可以利用移动设备听教师上课，同时也可以做生活中的其他事务，如在家里打扫卫生、喝咖啡、在美景中散步，等等。这就实现了学习与生活的统一：学习就是生活，生活就是学习。

二、慕课给高校外语教学带来的挑战

（一）慕课要求教师具备较高的运用网络资源授课的技术水平

在慕课时代，教师可以通过网络途径面向所有学生进行集中的外语专业课程教学，使学生能够在网络环境中及时收听与观看教师所讲解的外语知识，这种教学模式的改变打破了以往只能面对面授课的专业教学场景，使更多人能够在线学习外语，也能够在学习过程中领略语言知识的魅力。教学模式的这种改变同样也对教师的授课技术提出了更高的要求，需要教师掌握应用网络资源进行授课的具体线上操作技能，授课模式需要发生一定的转变，以使其更加适合在线教学模式，教师也需要在讲解知识的同时，增强与学生的沟通互动，不断提高学生对这种在线授课方式的接受程度，使学生适应这种学习模式。①

（二）慕课可能会导致真实课堂体验的欠缺

语言的学习不能脱离社会文化的环境，由于语言与文化之间存在密不可分的关系，语言课堂本身就是一个微型社会，但在慕课外语教学中，由于多数任务都是通过电脑完成的，因此学生很难体会到真实课堂语境中的语言使用，除了语言知识的学习外，学生无法在经历情感和发展情商方面得到锻炼。外语教学是一种对外语语言的认知和获得技能的过程。高校外语教师不能只注重知识的传授，而忽视了学生的个性和社交能力的培养。慕课的大部分内容是通过计算机网络来传播的，因此，教师在上课的时候，很可能会有成千上万的学生听课。在这样的环境下，教师与学生和学生与学生之间很难互相了解，教师也不能充分地考虑学生的个人情况，对不同的学生来说，他们的学习和理解课程的效果会有很大的差异。因此，面对不同层次的学习者，很难做到教与学的完美统一并实现因材施教。

---

① 闫静，韩伟业．探究慕课时代俄语专业教学面临的新挑战及应对策略 [J]. 创新创业理论研究与实践，2022，5（1）：86-88.

（三）慕课可能会导致学生学习动机的相对缺失

作为一种新鲜的教育模式，慕课教学课堂宽松并且自由，很多学习者抱着旁听、尝鲜或"隐身"的态度参与课程。在课程进行的过程中，缺乏一定的目的性、与教师和学生见面的次数十分有限以及低竞争率等因素导致慕课的逃课现象十分严重。一些自主学习能力较差的学生很难坚持完成全部课程。另外，慕课这种授课方式是非强制性的，学生学习的动机存在多样性，当他们在讨论和答题等深入学习的过程中发现自己对此并不感兴趣时，即使放弃也不会有任何的惩罚或责任，进而可能选择有始无终。因此，单凭兴趣来选择是否继续学习能否达到学习效果，这一问题应该引起慕课研究者的重视，尽可能保证课程的完成程度。尤其对于外语教学这一重视社会文化因素的教育学科，需要更多的动机和兴趣，这是外语教育研究者需要关注的一个课题。慕课在情感因素以及强制性的缺乏，以及所导致的学生内在与外在动机的缺失，使很多学习者仅仅听了头几次课，便不再继续。对此，外语教育研究者应做出相应的努力。①

第三节　高校外语慕课设计流程

一、高校外语慕课学前分析

学前分析是教学设计的第一个重要环节，包括教的分析与学的分析两大方面。教的分析包括社会需求分析、教学内容分析、教学人员特征分析、现

---

① 王丹丹.慕课时代的大学外语教学：优势与挑战[J].武夷学院学报，2019，38（7）：94-98.

有教学条件分析等；学的分析包括学生学习动机分析、兴趣爱好分析、起点水平分析、认知风格分析、学习条件分析等。

除了一般的要求外，对慕课进行学前分析一定要注意网络课程与传统课堂教学的差异，不能照搬传统课堂的教学分析模式。在网络课程中，教师和学生、学生和学生、学生和资源都处于分离的状态，他们之间以"网络媒体"作为中介联系起来。因此，网络课程的教学内容要素就是人们常常提到的资源，而网络课堂的教学方法更多转变为教师与学生、学生与学生、学生与资源之间通过网络媒体进行互动的方法和策略。具体来说，应该注意以下几个慕课的典型特征：

（1）慕课的学习者包含许多在校大学生，但也有中学生以及成人，层次参差不齐，动机不一，学习习惯、学习风格差别很大，学习时间趋于碎片化。

（2）慕课的学习高度依赖网络和终端，尤其是移动终端设备，如手机、平板电脑等。网络分有线、无线两种，无线又分为 WiFi 上网和手机流量上网两种。

（3）由于学习者大都以个别学习的方式来学习慕课，容易产生孤独感，因此，线上的交流互动对他们来说很重要。

二、高校外语慕课目标设计

教学设计的首要重点就是构建预期的学习结果，以描述课程结束后学生的变化。高校外语教学是以外语语言知识与应用技能、学习策略和跨文化交际为主要内容，以外语教学理论为指导，并集多种教学模式和教学手段于一体的教学体系。高校外语的教学目标是培养学生外语综合应用能力，特别是听说能力，使他们在今后工作和社会交往中能用外语有效地进行口头和书面的信息交流，同时增强其自主学习能力，提高综合文化素养，以适应我国经济发展和国际交流的需要。因此，基于高校学生外语基础水平，学完慕课课程之后，学生的听力能力、口语表达能力、阅读理解能力、书面表达能力和翻译能力应达到外语课程的一般要求。

三、高校外语慕课教学主体设计

（一）高校外语慕课教学资源设计

慕课教学资源中最重要的是视频资源，其次是课件、文本、工具、其他素材资源。其中，教学视频应选择优秀教师来录制，内容应该选择教学重难点。教师在视频中可以露面，也可以不露面，一切按照具体内容需要来确定。视频要清晰、流畅、节奏适中，以"突出教学效果、进行有效沟通"为原则，不要故意炫耀技巧、过于花哨。在风格上以简洁为主，尽可能去除一切与内容传递、有效沟通无关的冗余信息，降低学生的认知负荷。慕课课程通常是由许多单独的微课组成的，微课常常强调"短"而"精"。因此，在录制的时候，遵循"去除冗余信息，降低学生认知负荷"尤为重要。慕课视频资源最好能支持手机播放，时间不宜太长。一般慕课课程会配上字幕，同时提供文字稿本，以供不同习惯的学生选择使用。课件、工具、文本、素材等资源应能上传和下载。

慕课是由若干个微课组成的，教师可以把外语语法的教学任务分配成所需的课时，针对每天所要教授的知识点，把慕课的长视频或者PPT浓缩在10~15分钟。既然慕课是以互联网为依托，那么教师可以将国外的教学和自己所要教授的语法点结合起来，激发学生学习外语语法的兴趣，然后，教师可以把慕课和传统外语教学方法结合起来，取长补短，运用慕课的优势来弥补传统外语语法教学的短处，可以针对传统外语语法课堂忽视教材、教师忽略词汇和课文的缺点，教师在教授语法的时候可以运用课文中的重点词汇来举例造句。[①]

（二）高校外语慕课平台模块设计

慕课的平台模块要根据平台的类型而定。大部分慕课包含以下几大模块：①课程描述模块，一般对课程进行具体描述，如课程的目标、定位、主要内容等；②教师信息模块，一般会展示主讲教师信息，如所在学校、学院、研究方向、以前教授的课程等；③教学视频模块，一般是主讲教师对所要教授内容的视频呈现，是慕课的核心部分；④其他资源模块，一般指和本课相关的背景知识呈现部分，如外语教学中的生词、短语、文化背景等；⑤讨论区模块，一般是为学生提供互动和协作学习的模块；⑥作业提交与成绩公布模块，这个模块可能是公开的，也可能只有每个学生自己才能看到；⑦自测习题库模块，一般是为学生提供课后巩固和复习的部分；⑧个人作业展示模块，一般是激励优秀学生，并给其他学生以示范的部分；⑨意见、建议模块，一般是教师和学生为改进该课程而相互交流意见的部分；⑩相关链接模块，是为有兴趣进行拓展学习的学生提供更多资源的部分。[②]

（三）高校外语慕课教学活动设计

慕课教学活动的核心是开展在线练习、小组协作、作业评改、交流讨论、互动答疑等活动。如果是校内的小规模限制性在线课程（Small Private Online Course，SPOC），则可以与校内的面对面教学相结合，采用翻转课堂

---

① 赵丽丽. 基于慕课教学资源在英语语法教学中的分析 [J]. 北方文学，2019（17）：161+163.
② 李利芳，郭小华. 信息时代高校外语教学理论与实践创新 [M]. 北京：北京工业大学出版社，2020：111–114.

的教学模式，即学生在课外通过网络课程资源自主学习重点内容，课上则进行讨论、交流、练习、辅导等活动。慕课平台应该提供尽可能多的交流、互动、展示工具，甚至可以借助社交网络平台开展互动。慕课的学习人数众多，主讲教师无法完成和所有学生互动的任务，所以必须按照一定的比例配备助教，助教可以由青年教师和研究生担任，也可选拔优秀的学生或已修过该门慕课的结业者来担任。由于慕课对大多数学生和大多数学校来说都是新鲜事物，所以如何对助教团队进行管理、分工、考评与奖励，从而让慕课课程真正能够可持续开展下去，是一个需要长期探索的问题。

作为外语教师，在教育教学过程中可以发挥外语学科的人文特色，通过一些时政性内容的引入，增强课堂社会热点的讨论性，调动学生兴趣的同时，通过探讨，来帮助学生树立正确的思想观念，发挥混合课程教育的重要作用，达到立德树人的目标。高校外语教师要做到丰富教育教学活动，开展学生喜欢的兴趣环节，按照课堂的学习时长和学习进度进行匹配；做到有章法、有条理地对学生进行教学，让学生将大学外语听说混合课程当作一种惯性的知识活动接受方式；做到解放学生的天性，帮助学生激发最原始的学习想法，让学生能够关注日常生活，积累生活中的有趣的外语口语表达小知识，使日常生活、游戏都能够为培养学生的外语口语表达做出贡献。①

（四）高校外语慕课教学具体流程设计

和传统的课程类似，慕课分为开课前的准备阶段、教学实施阶段和评价总结阶段。开课前，除了要做好课程设计、录制教学视频、在平台上开设课程之外，还要进行课程宣传，组织教学团队及技术支持团队。准备工作一般

---

①　宋皓然.基于慕课的大学英语听说课程混合式教学设计和实践[J].现代英语杂志，2022（9）：9-12.

应提前数月甚至半年进行。教学实施阶段时间一般不宜太长，一般控制在两三个月为宜，时间过长容易引起倦怠，增加辍学率，教学视频的发布一般以周为单位，按照课程内容体系由易到难、循序推进，每周发布一段或多段类似微课的短视频，同时发布教师精选过的学习资源、作业练习、讨论问题、自测试题等。

课堂教学时长应为 1 小时 30 分钟。教学方式包括：一是情景导入，激发学生兴趣，促进学生探究；二是词汇巩固，为完成口语任务扫除了单词障碍，练习句型扩展，为口语任务做好准备；三是配音练习，提升语音的准确性和语言的流利度，让学生敢于开口；四是小组演练，锻炼学生的团队合作能力、外语沟通能力；五是汇报点评，展示并检验学生的学习情况，层层推进，符合学生的认知规律。教师作为学习的引导者、支持者、协助者和监督者，应保障教学顺利进行。

教师可以为学生创设情境，例如，在平时的大学外语混合教学中，课本内有很多有趣的小故事都能够进行延伸。可以通过一些角色扮演来进行任务对话设计，让学生体验不同角色人物的背景，研究其表达内容与表达习惯。还可以通过一些主题活动，来发展和巩固学生的外语听说交流能力。通过已有的教育基础，让学生大胆发挥想象力，主动说出自己的想法，演绎出有趣的故事；也可以为学生创设情感情景，让学生回忆印象深刻的事情，促进学生提升语言表达能力。通过建立多种多样的情景，教师能够让学生快速联想到已经发生过的事情，主动进行学习和提问，从中学习良好的表达习惯，丰富自己的表达内容。

（五）高校外语慕课课程评价设计

慕课的教学评价可采用多种形式，包括对学生的评价和对课程教学本身的评价两部分。学生的学习成绩主要由平时成绩与最后考核成绩两大部分构成。平时成绩所占比例一般比传统课堂教学要大，由平时作业、练习完成情况、讨论交流表现等方面综合构成；最后考核可能是标准化考试或提交论文／设计，或者二者兼有。作业的评改有机改（计算机系统自动评卷）、教师和助教评改以及学员之间的互评等多种方式，其中学员之间的互评是一种解决大规模作业批改困难问题的常见方式。

教师可以发布知识测验，要求学生登录平台完成测验。学生课后继续丰富与服装有关的词库、句库。教师总结学生的学习现状和需求，进一步调整教学模式，并组织学生在平台上互评，将评价保存至学习平台，使学生有可展示的成果。学校有完整的评价标准，通过信息化的互评手段，做到快速、公平、全面评价，便于教师及时做出教学反馈，提高教学质量。师生要一起总结课堂内容。学生要在平台上传学习反馈，并对教师及课程进行评价，便于教师了解学习效果，进行教学反思。

主讲教师和助教应事前制订好评价量规、范例、评分标准等，在合适的时候发给学员，以保证互评活动的顺利进行。主讲教师和助教应通过多种方式对互评活动进行指导、培训、检查和监督。

对于需要获得学习证书和学分的学生，最后考核非常重要。无论是现场考核还是在线考核，都必须保证是学生本人参加，以保证学分和证书发放的权威性。证书可分为电子证书和纸质证书两种形式。对课程的评价可根据平台提供的学生学习活动的各种数据、对学生的问卷调查与深度访谈，以及网络和社会对课程的各种反馈等多种形式进行，以便在新一轮慕课开课前对其进行必要的改进与调整。

第四节　高校外语慕课教学模式建构与实施策略

一、高校外语慕课教学模式建构

（一）设置"线上"的教学任务

高校外语教材中每一个单元都由听力、口语、阅读、写作、翻译五个模块组成。其中，听力和阅读是语言输入模块，主要涉及日常生活和工作。教师可以根据教学进度，引导学生借助慕课平台上的学习资料理解课本知识，让他们在"线上"通过自主学习完成。同时，教师要引导学生相应地拓展课本知识，并且梳理隐藏在课本知识中的中西方文化，为语言和知识的输出作储备。作为语言输出的翻译与写作可以组成另一个模块。对外语而言，写作和翻译是两个不同的过程。在此过程中，教师的作用更为突出，对学生提出的问题、疑问要进行指导、暗示，并通过恰当的方法，对学生进行耐心的激励。教师可以将语言输入和输出模块有机地结合起来，通过听、读、说、译等形式，将所学的知识通过听、说、写、译等形式外显出来，从而实现学生在课外通过慕课这一网络平台，高效地进行"线上"的自主学习。

同时，教师需要监督学生"线上"自主学习情况。教师不仅要监督学生各单元测试的完成情况，还需要了解其对文章的理解与分析情况，如文本的中心思想等，以提高学生的批判性思维能力；教师要引导学生归纳总结"在线"自主学习过程中出现的问题，并将问题上传到慕课平台的"师生讨论区"，学生可以在规定时间内与教师和其他同学进行"在线"交流互动；同时教师还要归纳总结课本知识的重难点，上传到慕课平台，让学生的自主学习有的放矢、事半功倍。

（二）重建"线下"的教学模式

"线下"教学模式也可以称为课堂教学模式。课堂教学任务的完成是以"在线"教学辅导为基础的，课堂教学任务以语言输出为主，可以分为两个部分进行。

第一部分，教师要收集学生在自主学习过程中上传到平台交流区的问题，特别是未能有效解决的"共性问题和个性问题"，作为课堂教学内容的主要依据。在课堂中，教师可以把收集到的共性问题作为教学驱动，以小组合作学习为单位，以演讲、辩论、表演、讨论等为手段，避免出现检测手段单一的情况，以巩固学生"线上"自主学习能力。同时，教师可以在"师生讨论区"搜集到的个性问题中，找出典型的问题，组织学生讨论研究，让学生在学习外语专业知识技能的同时，提高发现问题、分析问题、解决问题的能力。针对个别学生提出的一般性问题，教师需要适当引导与点拨，做好针对性互动。教师还要引导学生带着课堂学习中掌握的学习技能，重返慕课学习平台，完成教师布置的"在线"作业。

第二部分，教师在课堂中要努力培养学生对课本知识的延伸拓展能力。教师讲授的不应该是直接从教科书上得来的现成知识。教师要以课本知识为依托，积极引导学生内化吸收、延伸拓展所学的课本知识，活跃学生的思维，提高他们的思辨能力、文化迁移能力和文化沟通能力。教师还可以把教学和自己的科研结合，把书本知识、实践活动和学科的前沿知识有机整合在一起，作为授课中心。把现成的、唾手可得的知识交给网络，让学生在"线上"自主学习，这样才能获得可持续发展的学习能力。①

---

① 金亚芝.慕课（MOOC）时代高职英语课堂教学模式探索 [J]. 文教资料，2021（21）：228–229.

二、高校外语慕课教学模式实施策略

（一）明确授课对象，建设大学外语特色教育体系

慕课设计与实践的主要依据就是其授课的对象，目前慕课的授课对象就是"备学生"。传统课程主要是以确定的学生群体为主要的授课对象，这样教师可以有针对性地了解每一名学生的学习动机、兴趣和已经具有的知识等。慕课设计也应当明确授课对象，并且对其学习情况和特征进行详细分析。

高校可以建立外语特色教育体系，可以录制国家优秀教师的外语教学过程，将其发布到慕课平台上，给学生提供外语学习视频。高校要构建自己的慕课教育平台，而在这个过程中，对慕课资源的选购就非常重要，学校要选购科学的慕课资源，同时也要考虑学生的实际水平，提高慕课资源的针对性和科学性。慕课教学本身就具有综合性和开放性的特点，教学资源不受教材的局限，能够给学生提供更加全面和综合的教学资源，高校可以引入国外优秀的资源，也可以选择国内优秀教师的教学过程资源来制作慕课视频，但是值得注意的是，所选择教学资源一定要符合本校的特色，可以从基础外语和专业外语两个方面来建立外语特色课程体系。外语特色教育体系的建立是一项难度非常大的工作，应该交给专业水准比较高的教师来完成，要不断提升慕课的多样性和实用性。

（二）完善教育理念，贯彻创新教学思想，营造轻松的气氛

大学的教学目的不能局限于培养继承过往智慧与美德的人，更应该注重学习者个性、创造性和实践性等一些符合时代需要的品质的培养，而传统的教学价值观并不强调这些。当前，一些大学外语慕课的运行机制、教学评价

机制仍与现代大学的教学价值以及现代教学方法的创新要求背道而驰，很多人仍用传统的外语教学思维和价值观看待大学外语慕课教学，用以传授知识为目的的传统教学价值观评价教师和教学。外语慕课创新教学的思想则不同于以往的观点，在教学中既要实现超越，也要协调一致。通过师生的对话、合作和实践，学习者不断获取新知识、新经验、新技能、新情感体验等。创新教学具体体现为思想观念创新、教学方法创新、教学内容创新、教学评价体系创新以及线上教学技术的突破与革新。

外语慕课教学虽然提升了学习外语的便捷性和灵活度，但慕课这种线上教学模式在对学生的管理和要求上本来就存在一定缺陷。基于此，大学外语教师在开发、组织及实施慕课课程时，既要充分满足学生的学习需求，也要留意剔除其中不合常理的部分，高起点规划，秉持精益求精的态度，保证大学外语慕课与线下课堂教学并驾齐驱，探索以学习者为中心的教学方法：一是要重点关注学习者独立学习能力的培养。使学习者深入学习慕课中没有提到的或者讲透的知识点，并对各个知识点之间的本质联系触类旁通，这些任务都需要学习者根据自己的学习情况自行完成。二是要关注学习者的心理体验。若想解决大学慕课发展的根本问题，对外要加强课程宣传，实现学历、学分认证，对内则需强化学习者良好的学习体验，激发学习者的自我效能感。

在教学中应用慕课教学模式，必须充分利用慕课教学资源，将教学中的有关知识点进行整合，根据学生的学习情况，引入教学，这样可以大大地提高教学质量。并且教师应该根据学习标准，因材施教，对班级学生开展分类教学，针对学生的不同情况开展相应的技能培训，以确保学生掌握更多的学习技巧。教师必须依照课本上的教学内容，合理设计相应的外语情景以及问题，使学生可以积极参与到外语学习中，进而大幅度提升教学质量。①

----

① 许芳芳，余萍．基于慕课的高职英语教学模式研究 [J]．科学咨询，2020（47）：61-62.

（三）丰富教学内容，构建"四位一体"的慕课教学内容体系

整个课程主要是由输入、人机交互以及过程管理板块组成，在有效的输入板块，主讲教师通过计算机为学习人员提供地道的视频、音频、汉语翻译、词汇、语法、句式等；在人机交互板块安排有音频的口语测试、题干、选项以及答案等内容，由计算机及时自动评判。人机交互板块的在线测试服务包括"定制组卷，即时生成"。考试以过程评价和终结性评价为主，过程性评价是以记录为基础，判定学习者学习的课程板块、登录时间和学习累积时长；而终结性评价主要是考查学习者对整个单元的英语口语的掌握情况，也就是对学生对所学的语法进行评价。通过对学生进行过程评价与终结性评价，可以更好地掌握学生的学习成果。

大学外语慕课教学模式不仅要创新线上教学，也要打破线上教学与线下课堂的隔阂，构建线上线下相结合、理论与实践相联系的"四位一体"的教学内容体系，全面提升学生的听、说、读、写、译的外语能力。因此，"四位一体"的外语教学内容体系应该重视系统化的设置，确保教学的一致性和有效性：一是要做好课前教学工作。教师及相关人员根据外语教学目标，整合教材知识，再借助信息技术优势，推进教育与外语语言知识的融合，制作成慕课，完成教学课件。之后将精心准备好的课程传递给学生，并指导学生借助课程自主学习和掌握知识点，同时督促学生课下巩固和练习。二是要高效完成课堂教学工作。课堂教学是外语知识和技能的内化阶段，教师应相对减少课程讲解，把课堂的大部分时间交给学生。教师可以搭建一个能够展示学生知识与技能的平台，让学生在这个平台中进行交流互动，这样面对面交互式的学习能够有效提升大学外语教学的效果。三是要衔接好课后教学工作。教师要把握时机，趁热打铁，夯实学生已掌握的知识，可以针对特定的情景给学生布置一些线下交流探讨活动，让学生在知识的反复运用中将其内化于心。

外语教学内容中要加入有效的语言输入。从学习者的角度来看，语言输入是语言学习的必要条件。语言学习依赖语言输入，就是输入的语言必须满足可理解、非语法程序安排和有足够的量等要求。另外，输入的语言信息必须是真实的，语言学习只有在真实的语境中才能够发生，语言的交流活动只有在真实的语境中才能够体现其有效的意义。外语慕课主要是充分安排"原汁原味"的会话、独白等口语交际的内容，其源于生产和生活。[①]

（四）加强教学反思，探索科学的慕课外语教学评价体系

科学有效的评价体系能够指导学生有效学习，因此，高校一定要构建科学的慕课教育评价体系来督促和引导学生自主学习，充分发挥慕课的优势。慕课教育评价体系要改变传统以学生考试成绩作为唯一评价指标的情况，不仅关注学生的学习结果，同时也关注学生的学习过程。比如，要关注学生平时在慕课平台上的在线检测成绩，同时还应该对学生在慕课平台学习中的互动频率、小组探究积极性、作业完成准确率、学习次数以及在线时间等进行全面监测，构建多元化的评价指标体系。除了对学生学习的评价之外，还可以设定学生对教师的评价机制，从教学内容、教学水准和教学态度等多个方面来引导学生对教师进行评价，以此来督促教师不断提升自己的专业素养和教学水平。[②]

单一的教学评价体系能够诱导教学模式走向同质化。教师身为慕课课堂教学重要的组织者和实施者，构建公正且可持续发展的教学评价体系可以保障教师工作的优质性和高效性，也能充分调动学生参与教学的积极性。因为通过慕课和传统课程的外语教学在性质、层次、表现形式和职能上不同，所以更应该

---

① 温可佳. 浅析外语慕课设计与实践研究 [J]. 教育现代化，2020，7（12）：122-124.
② 邓天卫，张飙. 互联网＋环境下的大学英语慕课教学模式 [J]. 科教导刊（电子版），2021（1）：225-226.

建立全方位、立体化的评价体系，尽量确保评价主体、评价内容和评价方法的多元化。评价主体多元化包括教师评学、同学互评、学生自评。评价内容多元化囊括了学习态度、学习能力、学习过程、学习效果等方面的评价。

（五）加大环境支持，补齐慕课外语线上教学技术短板

为了追求更好的教学效果，平台支持与技术支持是必要的物力因素。从平台数量上看，已建设多个可供师生自由选择的慕课平台，但过多的平台难以保证学生的系统性学习；从质量上看，平台功能也存在一些问题，如缺乏对学生的时间和环境的管理。由于技术发展水平的限制，网络拥堵等也成为阻碍慕课教学活动顺畅进行的因素。高校要切实推行慕课，优化平台与技术乃明智之举，具体可以从以下三个方面进行改善：第一，各个学校、学院和教师应该统一规范教学平台的使用。平台数量多、质量参差不齐、来回切换，已经对学生造成了困扰。第二，加大课程平台宽带和服务器的扩容，保证外语慕课线上教学的稳定运转，最大化降低网络拥堵和平台崩溃带来的不良影响。第三，加大人力、财力的投入力度，完善慕课平台的教学功能，从而进一步提高课堂教学质量。①

第五节　慕课在内容依托式外语教学中的应用

一、内容依托式教学模式概述

内容依托式教学（Content-Based Instruction，CBI）模式是指依托学科内

---

① 刘东英.大学英语慕课教学模式同质化的表征、归因与对策[J].林区教学，2023（2）：91-94.

容或主题内容开展教学的一种教学方法，其理念产生于 20 世纪 60 年代加拿大的沉浸式实验班。内容依托式教学模式自 90 年代传入我国后，受到了高校外语教师的普遍关注，对大学外语课程的教学改革产生了重要影响。基于内容依托式教学模式开展大学外语教学，教师不必着重分析和讲解语言知识，而要让学生把学科知识学习与外语学习结合起来，这样既有利于学生掌握陈述性学科知识，也有利于学生提高语言应用能力和自主学习能力。

在内容依托式教学模式的实施过程中，教师除引导学生掌握学科知识外，还要让学生学习和掌握所学的目标语言。学生在完成某项学习任务时，必然要通过听、说、读、写语言训练学会表达自己的思想和观点。内容依托式教学模式采用交际性教学方式，教学过程不仅是对语言形式的强调，更是对实现意义的传递。在以往的语言教学中，学生的语言应用能力和语言知识水平难以同步提高，内容依托式教学为解决这一问题提供了方法。和传统的教学模式相比，内容依托式教学模式的特点就是学生的语言能力不再是通过纯粹的语言学习来获取，而是伴随学科知识的学习来提高。在内容依托式教学模式中，语言是学生学习和掌握学科知识的媒介，而学科知识是语言学习的源泉。

二、慕课在内容依托式外语教学中应用的可行性

其一，当今的大学外语教学改革为实施内容依托式教学提供了有力的指导性依据。以英语为例，《大学英语教学指南》规定，大学英语的教学目标是培养学生的英语应用能力。该教学目标为各高校的外语教学改革指明了方向：要培养具有较强语言应用能力和实际交际能力的外语实用型人才。而内容依托式教学正是将语言教学和其他学科学习内容或者更贴近实际交际场景的主题内容结合起来，有利于增强外语教学的实用性和高效性，能够促进慕

课外语教学改革向着满足国家和社会需要的方向良性发展。

其二，外语教师整体素质的提高为实施内容依托式教学提供了坚实的基础性依据。随着我国教育的发展和教学改革的推进，目前在大学任教的教师学历层次普遍提高，很多外语教师在工作前的学习中就获得了比较全面的学科知识，不仅包括外语学科的相关知识和技能，还包括横向联系的其他学科的知识以及相关专业的技能。这使内容依托式教学在大学外语教学中实施具有了相当大的可行性。而且，高校的大环境越来越好，很多高校都为外语教师提供了越来越多的进修和学习的机会，教师加强自我学习、提高自我修养的机会越来越多，这也为慕课融入内容依托式教学提供了很好的环境保障。

其三，学生整体外语水平的提高为实施内容依托式教学提供了可靠的实践性依据。大家公认的是，大学的生源——入学的高中毕业学生外语水平日益提高，就英语而言，很多学生入学时就达到了英语四级的水平。就外语大环境来说，互联网为学生提供了方便的知识获取途径，学生的水平得到了更大的提升。广泛提升的外语水平使学生能够更加容易地把外语当作工具、通过外语来获取其他学科的内容或者接受不同主题内容的教学模式。①

其四，学生也需要慕课与内容依托式外语教学相结合来提升自己的能力水平。

（1）内容依托式外语教学模式与慕课结合能够提高学生的语言综合应用能力水平。与常规大学外语教学不同的是，内容依托式教学采用了一种整体式语言教学法，语言不被分解，而是通过一种整体的方式呈现出来；课堂中不再分步处理某种单独的语言技能，而是强调听、说、读、写等各种语言技

---

① 石青环，汪静静. 内容依托式教学在大学外语教学中的应用 [J]. 科教导刊，2020（28）：132-133.

能的整合。同时，偏重语言形式讲解是常规大学外语教学的一个特征，而内容依托式教学倡导学生通过内容知识的学习来习得语言。它将具体的学科内容整合进语言课程中，从而将语言融入一个更有意义和更体现交际性的大环境中。

（2）内容依托式外语教学模式与慕课结合能够提高学生的综合文化素养。一方面，内容依托式外语教学模式的特点之一就是运用真实的语言及语言材料，有助于学生了解目标语国家人们的生活、思维和交际方式，从而为学生在教学课堂与目标语文化之间架起一座桥梁，让学生沉浸在目标语文化中，形成对目标语文化的感知；另一方面，通过具体学科内容的学习，尤其是关于目标语国家的政治、历史、地理等方面的学科内容，学生能够拓宽视野，深入了解文化差异及其根源。通过这两方面的综合作用，学生的综合文化素养得以发展。

（3）内容依托式外语教学模式与慕课结合能够提高学生的思辨能力水平。在内容依托式教学模式中，教师从传统的知识灌输到通过鹰架理论（Scaffolding）帮助学生建构知识，在这个框架下，学习不仅是吸收知识的过程，而是学习者利用背景知识与新信息相作用创造一个认知地图从而建立新知识系统的一个过程。在这个过程中，学习者主动思考的技能得到锻炼。思辨能力往往可以通过体验和评判从教科书、文章、网络、讲座、电影、课堂讨论等多种渠道获得的信息而得到提升。在内容依托式教学中，当学生面对与主题内容相关的多种资源时，他们就不得不超越记忆、储存和提取信息的过程，而去分析和评判哪些资源是合理的或者对自身有用的。尤其是当学习者遇到与主题相关的同一个话题的不同解读，他们会对其进行分析和评判，探寻真相，形成自己的观点。在此过程中，他们的分析能力和思维技能得到提升，思辨能力得到发展。

三、慕课与内容依托式外语教学结合的原则

第一，以学科知识教学为核心。大学外语内容依托式教学的目标主要是让学生更好地掌握学科知识，因此，教师在组织教学内容时应以学科知识为核心，而不能以外语理论知识和应用技能为核心。另外，在大学外语内容依托式教学中，教师不仅要注意主题内容的选择，还要充分考虑学生的语言应用水平。

第二，选取真实的语言材料。学生可以利用上下文语境和已经掌握的学科知识学习并获取新的知识。真实、系统的语言教学材料可以为学生有效地开展学习或习得语言提供有意义的语境。因此，在大学外语课程内容依托式教学中，教师应尽量结合学生的学习经历和知识背景，选取真实的语言材料。教师在选择语言材料时还要控制好语言材料所涉及语言知识和学科知识的难度，对于一些比较复杂的内容，教师可以在课堂上用第一语言进行辅助解释。

第三，结合学生的实际需求，实施针对性教学。学生不仅对具体的学科知识、语言知识有认知需求，同时还有提高学习能力的需求。教师在教学中选择具有实际意义和挑战性的教学内容，可以有效激发学生的学习兴趣，因此，教师组织教学内容时一定要充分考虑学生的实际需求。

四、慕课与内容依托式外语教学结合的意义

目前，已经有国内研究者针对将慕课与传统的内容依托式外语教学相结合进行了实证研究，其研究结果证明，这种新的教学模式在实践中产生了积极的结果。第一，学生的学习动机得到提高。教师借助慕课这种运用现代信息技术进行外语教学的方式，使学生对这一新的外语学习工具产生了好奇，

而这种好奇增强了学生内在的学习动机。第二，学习策略得到改善。将慕课引入外语教学在提升学生语言能力的同时，发展了其采集、识别、分析信息等能力。学用结合的机会不但增强了他们的学习兴趣以及学习上的自我管理能力，同时使学生的思辨能力也得到了提高，使学生开始重新审视外语学习的方法与态度。采用更多的学习元认知策略、补偿策略和社交策略，从而实现学生的学科知识和语言能力共同提高的理想效果。第三，学生总体外语水平显著提高。将慕课引入内容依托式外语教学，提供了一种有利于语言习得的学习环境，丰富的线上慕课资源使外语输入变得更多样化、真实化，为学生提供了更多的机会进行相互交流，激励学生去学习学科内容和语言，学生的外语学习主动性有了实质上的提高。

五、慕课与内容依托式外语教学结合的重要环节

要使慕课在内容依托式外语教学中发挥更积极的作用，有以下几个关键教学环节值得重视：

（一）向学生阐明慕课与内容依托式外语教学结合的目标

学习目标是促发学生学习动机的关键，只有树立了明确的学习目标，才可能形成切实的学习行为。因此，在教学环节的伊始，教师应该使学生确立学习目标，知晓教学中的具体要求，这样学生就会对一段时期的学习成果形成具象的期待。在内容依托式外语教学的慕课教学中，每门课程都会细致、清晰地描述教学大纲，教学大纲内容包括课程进度安排、每次课程的内容、教学目的、阅读资料、课后练习、阶段检测题、作业提交试卷、评分标准。为学生提供细致、清晰的教学大纲就是让学习者明确学习动机，明确教学内容和教学要求，从而有的放矢地开展学习。

（二）在引入慕课的内容依托式外语教学中进行步骤的分解

人类学习的过程其实是一系列操作反应的强化的过程。要使教学成功进行，就必须设计操作过程，通过刺激—反应—强化的模式强化操作，使学习者通过一系列强化操作，逐步接近学习目标。在引入慕课的内容依托式外语教学中，一门课程先被细分成大单元，进而大单元又被细分成小单元，每个单元都包含设立目标、学习、考核、反馈总结等小环境。在每完成一个小的学习单元时，学习内容得到及时强化，然后再顺利进入下一个学习单元。这种阶梯式的学习有助于学习者掌控、调节学习节奏，提高学习效率。

（三）在引入慕课的内容依托式外语教学中给予学生及时的反馈

教师要及时、高质量地反馈，及时地强化和巩固学习者在学习中的反应，从而指导他们进行下一步的学习，从而激发他们的学习动机。在以内容为导向的外语教学模式下，慕课视频作为传递与理解知识内容的重要载体，具有十分重要的意义。但也有一个问题，那就是教师不能像在教室里那样，对学生进行实时的观察和反馈。也就是说，一门高质量的课程，必然会有一套与之相匹配的考试形式与内容。在每完成一阶段慕课学习内容后，学生必须通过测试才可以进入下一阶段的学习。此处的测试就是一种有效的反馈手段，可以使学生明确自己的学习进程，并进行相应的调节。

（四）允许学生自主调节学习的进度

在传统的课堂教学中，如何调节课堂教学的进度一直是困扰任课教师的难题，教师只能从中妥协，以中等水平学生作为教学的主要对象，这就造成高水平的学生吃不饱，低水平学生跟不上的局面。将慕课引入内容依托式外语教学意味着激发学生进行自主学习，根据学习者自身的水平确定学习进度，进行自我评估，进而逐步达到课程的总体目标。

第六章　基于混合式教学的高校外语教学研究

教育领域信息化的发展丰富了教育教学形式，混合式教学模式逐渐进入人们的视野，对外语教学产生了诸多积极影响。国家宏观政策的支持、信息技术的进步、教师信息化教学能力的提升、学生信息素养的提高等为外语教学的混合式教学模式改革提供了重要基础。

第一节　混合式教学概述

一、混合式教学的定义与特点

（一）混合式教学的定义

混合式教学通常是指在线教学与传统课堂教学互相结合的教学方式，即"线上＋线下"教学方式。这种混合教学模式，主要是将线上多媒体资源与线下课堂教学中的合作学习、任务型学习等多种学习方式相结合。

随着"互联网+"时代的到来，混合式教学的定义发生了新的变化，由面对面教学与在线教学的结合演变为以信息技术为基础的，移动通信设备、网络学习环境与传统课堂教学相结合的教学情景。[①]越来越多的学者也将研究视角放在了学生角度，围绕"以学生为中心"这一理念进行教学设计，打造学生参与度高、个性化的教学情景。

从目前高校外语教学模式来看，外语混合式教学越来越受欢迎，也是高校培养人才的首选教学模式，不仅方便高校培养外语人才，也方便学生学习外语知识，可谓一举两得。[②]

（二）混合式教学的特点

1. 强调各要素有机"混合"

混合式教学的众多概念界定中已揭示了丰富的"混合"内涵。例如，有研究者从教学系统的角度指出，教学媒体、学习内容、学习模式是混合式教学的三大因素；有研究者从课程系统的角度提出，学习对象、学习环境、学习方式和学习评价是混合式教学的四大要素；还有研究者认为，混合式教学体现在学习方式、课程内容和学习场景的混合。一言以蔽之，混合式教学是一种有效融合多种学习内容、学习方式、技术手段和学习环境的教学形式。教师应选择不同的学习内容，利用优质免费的在线开放课程和虚拟实验教学资源，结合在线直播互动、异步交流讨论、线下实践训练和自我导向学习等方式开展混合式教学，以弥补单一教学方式存在的不足。

2. 着眼"具体问题具体分析"

混合式教学的实施基于一定的理论假设：①学生原有的认知基础和学

---

① 戴静. 基于混合式教学模式的高校外语教学改革研究 [J]. 学周刊，2024（4）：17-20.

② 张兆敏. 基于智慧学习平台的外语混合式教学模式研究 [J]. 产业与科技论坛，2022，21（17）：163-165.

习目的、要求的差异，导致了学习方式的不同；②学生对各种媒体的适应度是不同的；③不同的学习内容和问题，要求用不同的方式解决（不同的媒体与传递方式），关键是教师如何针对特定的问题提供恰当的混合教学方式；④混合式教学是教师把各种优化的学习资源进行有机的组合，达到"1+1>2"的效果。① 简而言之，混合式教学的核心思想就是根据不同的问题与要求，采用不同的方式解决问题。现有在线教学资源种类齐全、形式丰富，现有的技术工具门类繁多、各式各样。但是，在线教学并不是一场"技术秀"，更不是"资源轰炸"，教师需要根据学生所处学习环境的具体情况，以及根据自身的信息技术操纵能力和硬件设备条件，选择恰当的混合教学方式。

3. 追求学习"最优化"

混合式教学试图寻找既能发挥在线教学和面对面教学的优势，同时，学生又要能获得最高的效率而投入最低的学习方式。那么，如何才能使混合式教学更加有效，采用什么样的方法与策略才能改善和促进混合式教学是混合式教学研究者所关心的核心问题。混合式教学的混合要素多样，它们之间的双向相互作用可实现再"混合"，但这都必须视具体的教学问题与需求而定。针对特定的教学需求，教师选择与开发恰当的内容与环境，运用合适而有效的方法组织教学，最终实现教学过程的优化组合，最大化地促进学生的学习。教师根据课程性质和教学要求，合理、合适、合宜地选择各种技术手段和活动方式开展混合式教学，尽可能满足学生的学习需要，同时还要提升学生的自我指导和自我监控的主体意识，真正做到为学生学习赋权增能，体现"以学生为中心"的教学结构。

---

① 漆格 . 学会在线教学 [M]. 广州：广东教育出版社，2020：131.

二、混合式教学的意义分析

（一）能契合高等教育改革的趋势

传统教学模式是一种教师直接灌输的模式，因为无法彰显学生的价值，而受到了人们的质疑，甚至是批评。混合式教学主张在教学活动中，教师居于主导地位，学生居于主体地位，重视对学生学习积极性的激发，同时，从教学形式上来看，它也强调应该实现不同教学形式的混合，也就是教师能够运用不同的手段来向学生传授知识，培养学生的能力。信息技术的发展在很大程度上促进了高等教育的变革。混合式教学应该与信息技术进行深度融合，力促线下教学与线上教学结合，从而在最大限度上提升教学的质量，这正是当前高等教育改革的要求所在。

混合式教学主要被应用在职业教育与培训领域，随着人们对它认识的加深，其也在高等教育领域有着不错的应用效果，这是因为它与高等教育的价值理念存在共性，且它还拥有增加学生学习经验的潜力，因而笔者相信，在以后的高等教育发展中，混合式教学一定能发挥其积极作用。此外，与传统的课堂教学、远程教学等方式相比，混合式教学是一种非常高效的教学方式。

（二）能推动高校课堂教学改革

在传统课堂教学中，教师使用的教学方法以单纯的讲授方法为主，这让教学的主动权一直掌握在教师手中，同时也限制了教师角色作用的发挥，其主要任务就是将知识从教材搬运给学生。但是在混合式教学中，教师的角色发生了明显的变化，他们不再只是简单地向学生传递知识，他们还能对学生的学习活动进行合理引导，指导学生高效地探究知识，帮助学生形成批判性思维，培养其创新能力。在混合式教学中，教师应该清楚学生的学习需求是什么，而不是凭借自己的主观臆想将知识传递给学生。

（三）能实现移动式教学

首先，混合式教学有效结合了离线教学以及在线教学，打造出一种可以移动的教学，对传统教学的场所以及时间的限制进行了弥补，对教学活动的空间以及时间进行了拓展。教师可以利用腾讯课堂、有道课堂、网易课堂等工具来加入网络在线课堂。因此，在混合式教学中，移动式教学可以实现随时可上课、随地可上课，教师不需要中断正常教学安排。

其次，如果学生因故临时缺席课堂，同理也可以通过参加在线辅助教学补课，可以得到有效的学习支持。这是传统教学所不能实现的，也是该模式最大的亮点，即能突破时间和空间的双重限制。

（四）促进优质教学资源的研发与利用

互联网技术的出现与发展促进了网络课程的形成与发展，这导致的一个结果就是人们越来越关注名校、名师、名课。虽然从当前在线课程发展的情况来看，其存在两大问题，一个是开发机制不完善，另一个是不少教师并不适应，也不推崇在线课程，但即便如此，在线课程最终还是要被纳入高校课程体系的，尤其是在重大突发事件频发的当下，在线课程越来越为高校所重视。

优质的教学资源是教学活动成功开展的重要条件，是学校提高社会声誉、吸引优质生源的重要基础。基于此，高校领导与教师开始意识到优质的教学资源的重要性，纷纷行动起来挖掘优质的教学资源，并且充分利用教学资源提高教学质量。混合式教学连接线上教学与线下教学，需要运用到线上教学资源与线下教学资源，因此，教师在开展混合式教学之前，必须挖掘大量的线上、线下优质教学资源，并将这些教学资源进行新的分析与整合，使其能合理地被运用在混合式教学中。

（五）能实现多元互动

在混合式教学下，学生通过在线平台可以实时发表自身的看法及观点。通过在线平台，教师也可以及时回应学生的想法、建议、疑问，并能根据学生的想法进行课堂模式创新，能够在及时回复的同时培养自身的开放性思维。

此外，在任何规定时段，学生可以在线上参与讨论，对课堂讨论过程中存在的不足进行及时的弥补，进一步延伸课堂讨论，进行深入的研究性交流以及学习，师生之间进行更好、更高质量的互动，从而提高教学效率和开展深度教学。实践中在传统高校课堂学生鲜有课后交流的机会，与教授、导师的接触也很少。而通过混合式教学，学生可以实现课后的相互交流、提升，也给教师教学提供了新思路。

（六）能促进学生的深度学习

混合式教学实现的是线上教学与线下教学的混合，但如果从更深层次的角度来看，还应该包括其他方面的混合，如教学理论的混合、教学模式的混合等，多个层面的混合能确保良好教学效果的达成。混合式教学的形成有一定的理论基础，这里的理论主要包括两个方面，一个是建构主义理论，另一个是掌握学习理论。在这两个理论的指导下，混合式教学充分运用现代教育技术，把握人类认知规律，开展了教学层面上的各要素的混合，不仅有利于学生学习情感的培养，而且有利于激发学生的学习主动性，促进其知识的高效、全面建构。而且，混合式教学还有一个非常突出的优势，那就是它能依据不同课程的特点实现"学用结合"的目标，实现抽象理论与课下活动的"完美"结合，这样，学生就能掌握更多的知识，也能完成知识的良好应用。

在混合式教学中，不少学生其实已经在线下学习中达成了知识学习的一些初级目标——对知识的基本理解与记忆，甚至有些学习能力相对较强的学生已经完成了对知识的深入分析与应用，在分析与应用的过程中，他们可能会产生一些问题，在之后的课堂学习中，他们就能向教师提出这些问题，进而获得答案。在课堂教学中，为了进一步提升学生的分析与解决问题的能力，教师一般会给学生分组，让他们在小组讨论中深化自己对知识的理解，表达自己对问题的看法，从而实现深度学习。

（七）能建立新型师生关系

在混合式教学中，教师可以打造新型师生关系，教学将不再是一味地以教师为课堂的中心，而是能够深入贯彻夸美纽斯先生的"以学生为中心"的教育。[①]师生不仅能够进行生动的面对面互动，还能够进行高效的网络互动，进行实时交流，教师还能依靠大数据分析设计相应的教学方案以及相关流程，真正了解学生的需求，做到真正的"因材施教"。同时，尽可能地激发学生的学习热情和积极性，提高教学活动中学生的参与度，让学生可以在学习中充分进行"头脑风暴"从而有更多的收获。当然除此之外，学生还可以于网络在线平台追问自己没有充分理解的问题，或者询问、请教同伴。

在实践中我们通过调查发现，因为高校教师并不需要像小初高学校教师一样坐班，学生可能无法及时寻求帮助、找不到教师来解答自己的疑惑，但

---

① 王凡 . 浅谈高校混合式教学的策略 [J]. 山西青年，2022（1）：147–149.

这种新型教学模式就充分解决了此问题。此外，教师通过网络平台，可以对学生进行科学高效、省时省心的学习管理、评价。

通过分数系统，学生不仅能够了解自身的得分情况、在线提交作业，还能通过大数据分析得知自己的薄弱和优势项目，更好地进行接下来的有针对性、目的性的学习。这种混合模式可以使学生走出盲目学习的思维误区，学习效果更好，更趋理想化，也减轻了高校教师的课堂教学和课后管理的负担，同时使高校的教学效率和教学质量更上一个台阶。

第二节 高校外语混合式教学的意义与存在的问题

一、高校外语混合式教学的意义

（一）能提升高等教育智慧化水平

新时代的大学外语学科教学势必兼容面对面教学、网络教学和协作教学，大学外语教学基于信息化进行改革，普及混合式教学的意义与该目标一脉相承，是高等教育信息化发展必然趋势的具体表现。现阶段和未来的混合式教学能让学生参与校园和课堂学习，有机会利用网络拓展和实践检验学校所学，发挥信息化教学和不同学习方式的互补优势。这是推行智慧教育的具体体现，又能够反作用于智慧化教育的发展，实现因材施教，有助于缓解我国教育资源不公平现象，有利于教育国际化更高目标的实现。

（二）能提高教师的教学效率

混合式教学不受地域和时间的限制，教师可以随时为学生在线讲解、答疑。学生在课前通过充分的预习已经掌握了一些知识，这使教师在课堂上没有必要讲解所有知识，只需要对学生在课前没有理解的知识进行讲解。很明显，教师的教学时间得到了合理分配，且其教学效率也得到了一定的提高。

（三）能提升高校外语教学的有效性

在信息技术得到大范围的应用之后，高校外语教师的授课理念随之受到影响，进而发生了转变，这就促成了翻转课堂、慕课以及微课在外语课堂中的推广与应用，这些全新的技术手段和授课模式极大地提升了高校外语课堂的教学有效性。

（四）能激发学生的学习兴趣

混合式教学在高校外语教学中的应用，不仅可以弥补传统教学体系存在的问题，更可紧密结合学生的学习需求，培养学生的兴趣，使学生在新颖的教学方法、教学模式的支持下，更好地投入外语学习过程中。

（五）能促进学生自主学习活动的开展

大学外语是语言类学科，注重对学生语言听写能力与表达能力的培养。因此，在日常教学过程中，教师应为学生构建良好的学习生态，使学生在浓厚的学习氛围中，更好地学习外语知识，掌握外语技能，提升外语表达的能力。而混合式教学平台拥有较为成熟的知识架构和完善的数据资源，能够帮助外语教师整合各类教学资源，阐述不同知识点的应用方法及注意事项，使学生能够突破时间和空间的限制，更好地学习和应用外语知识，还能够为学生营造良好的学习氛围。例如，线上外语教学平台拥有海量的外语教学资源，学生可通过观看原声电影、访谈节目，训练自己的外语听说能力及跨文化交际能力。此外，学生可根据外语教学中存在的问题，检索出相应的学习资源，提高专项训练的质量与效率。

二、高校外语混合式教学存在的问题

（一）混合比例的问题

由于生源的不同，学生的外语水平差异较大，在教学实践中，许多教师发现全部运用翻转课堂来推行线上线下混合教学模式并不能达到理想的效果。如果学生在线上的学习效率不高，对知识的掌握不透彻，会导致线下讨论或其他课堂活动流于形式，学生的收获感不强，教师则会产生挫败感。如何调整线上线下教学内容的混合比例、线上学习和线下教学的混合比例，使其达到既以学生为中心，又能发挥教师的引导作用的目的，值得外语教师深入思考。

（二）对学生学习投入度的评测问题

学生学习投入度是考察教学质量和学生学习效果的重要指标。[1] 为确保混合式教学的教学质量，就要求授课教师高效、精准地提高在线学习中大学生的学习投入度，而如何评测大学生的学习投入度曾一度困扰混合式教学的实践者。学习投入度是多维的，学术界普遍公认的维度包含行为投入、情感投入和认知投入。针对慕课等线上学习中出现的辍课率高、课程完成率低等问题，各大教学平台不断推陈出新，完善检测系统，通过大数据分析，为教师提供学生学习情况的反馈。这些评测主要是针对学生的行为投入和认知投入展开的，统计学生在线时长、登录次数、在线测试、参与讨论等情况。在学生情感投入的评测方面，虽然已经出现了一些通过面部识别进行的尝

---

① 杨欣瑶, 杜薇."大思政"格局下大学外语混合式教学的思考[J].沈阳工程学院学报（社会科学版）, 2023, 19（2）：106–111.

试，但由于受到设备、人力投入等诸多因素的限制，还不能达到普及应用的程度。

（三）信息技术的应用缺乏合理性问题

高校外语混合式教学活动的开展需要以网络信息技术为基础来进行线上教学。在实际教学过程中，为保证教学的效率和质量，教师应录制课程教学视频，并利用网络信息技术收集与课程教学内容相关的教学资源，同时要对线上课程进行编辑与优化，从而满足混合式教学的实际需要。但在现阶段的高校外语混合式教学中，部分年龄较大的教师难以掌握信息技术的应用方法，导致信息技术的应用缺乏合理性，从而降低了整体教学水平。

此外，高校外语混合式教学活动的开展对于学生的自主学习能力提出更高要求，但在混合式教学过程中缺乏有效的课堂监管，部分学生的自律性较差，缺乏学习的主动性。在线上教学过程中，部分学生存在浏览与学习无关网站和内容的现象，进而导致先进生和后进生之间的差距越拉越大，在很大程度上降低了学生的学习效率。

第三节 多视阈下高校外语混合式教学设计

一、课程思政视阈下高校外语混合式教学设计

（一）课程思政概述

1.课程思政的界定

广义的"课程思政"是指通过高校思政课、综合素养课和专业课的教学

推进思政教育。① 而狭义的"课程思政"主要指在高校思政课程以外的综合素养课和专业课程教学中融入思政教育，就是将课程知识中包含的思政教育的理论知识、价值理念以及精神追求等挖掘出来融入教学中，进而潜移默化地影响学生的思想意识、行为举止。

2.课程思政的本质内涵

（1）课程思政是教育的"灵魂"，是教学的"点睛之笔"。知识传授是教育的基础，没有知识，便无从谈及能力和素质。然而，如果只传授知识，便不是真正的教育。如果将教育比作建造一座大楼，则知识是"砖石"，能力是"钢筋水泥"，素质是"精装修"。如果只有砖石和钢筋水泥，则建造的大楼只是一幢"毛坯大楼"，虽有高大的样子，也能供人使用，但使用起来很不舒服。这样的"毛坯大楼"交付用户，用户如何能够接受？因此，建造大楼必须做精装，内部装修使工作环境舒适，外部装饰则使形象美观。只有这样完整建造出来的，才是一幢健康可用的大楼。

在教育教学中，如果只传授知识，则知识是无用的"死知识"，是一潭死水。如果再加上能力培养，则"死知识"会变为可用的"活知识"，成为流动之水。然而，水能载舟，亦能覆舟。因此，教育还必须重视素质教育，才能使可用的"流动之水"成为有用的"可控之水"，真正造福人类。

教育更可喻为"画龙"，如将知识传授与能力培养比作画一条大大的"龙身"，素质教育则是"点睛"，没有眼睛的巨龙无法腾飞。② 因此，课程思政是教育的"灵魂"，是教学的"点睛之笔"，能使教学产生灵性，引起学生内心的共鸣。

---

① 杜明义，余忠淑.高校课程思政的基本内涵、价值意蕴与实施路径[J].广东技术师范大学学报，2021，42（4）：99–104+112.
② 曹树谦.关于高校课程思政的省思：内涵、特征与实践[J].天津大学学报（社会科学版），2023，25（3）：202–206.

（2）课程思政是中国高等教育本质回归的实践。课程思政是中国教育改革，特别是高等教育改革倡导的方向。这一改革趋势既是对中国高等教育中思政教育体系的反思与创新，更是中国高等教育本质回归的实践。[①]

不同于传统的将教育的价值性本质主要依托于思政课程，课程思政要求高等教育通过思政课程、综合素养课程与专业课程的"三位一体"课程体系体现教育的价值理性，在已有思政课程体系之外的全部教学（包括综合素养课程和专业课程）过程中体现、渗透和融入思想政治元素、道德文化元素、价值观念元素等，真正实现教育工具性功能与价值性功能的融合共进。它要求包括专业课程与综合素养课程在内的全部课程与思想政治理论课程同向同行，形成教育协同效应。课程思政理念及其改革实践以立德树人为根本任务，实现了思政与专业的有机融合，以及专业技能教育与价值文化教育的统一，引领了教育本质的回归。高校教学体系中的所有课程教学都应进行课程思政改革，即"全课程育人"。课程思政要求所有课程在进行专业知识与技能"授业、解惑"的同时开展思想政治、价值观念、文化自信等的"传道"，即将立德树人与专业知识内在地融合起来，相互渗透、相互支撑、相辅相成。

（3）课程思政是落实立德树人的根本举措。课程思政力求释放课程的思政功能，本无可厚非，但这仅是一种表面的诉求，除此之外还有深层的要义。归根结底，课程思政是高校以习近平新时代中国特色社会主义思想为指导，以习近平总书记关于教育的重要论述为根本遵循，落实立德树人的根本举措。[②]

人才培养是一个育人育才协同并进、不可偏废的过程。其中，育人是育

---

①　刘玮.课程思政：让教育回归本质 [J]. 当代教育理论与实践，2023，15（1）：21-26.
②　唐德海、李枭鹰、郭新伟."课程思政"三问：本质、界域和实践 [J]. 现代教育管理，2020（10）：52-58.

才的前提条件和必要基础，有德无才至多培养"半成品""残次品"，有才无德却可能造就"危险品"；育才是育人的继续深化和必然要求，"有德而无才者虽不能造福一方，但总能行走于世"，但若只求成人不求成才，国家建设、社会发展和民族复兴也就无从谈起。因此，必须实现育人育才的"共赢"，使我们的社会主义大学培养真正的"人才"。这就要求课程思政一方面应当实现对于专业课、综合素养课等非思政课程的思想政治价值引领；另一方面也要使专业课、综合素养课等非思政课程积极为思政理论课提供学术资源和学科支撑，尽可能地让所有课程都能达到教书育人的统一目标，使学生都能结合自身条件实现德才兼备、和谐发展的终极愿景。

（二）课程思政视阈下的高校外语混合式教学具体设计

1.课前准备工作

课前，教师把整理好的优质思政教育素材、课文内容的教学视频和学习任务通过在线平台发送给学生，并引导学生完成自学。随后，教师在平台上发布相应的课前测评，目的是了解学生自主学习掌握的情况。在课前自主学习过程中，学生可以随时在平台上发表自己的学习感想或提出问题，教师和学生都可以参与实时讨论和交流。教师通过在线讨论了解学生参与讨论的情况和学习情况。教师应以本节课为主要线索，利用家国情怀和工匠精神等传统文化资源，最大限度展现跟主题有关的思政思想。以英语学科为例，教师在讲解英语听说课程中的 *Friendship* 的相关内容时，可以对这友谊这一元素进行有效研究，找出思政思想的接入点，将本次教学中的思政教育目的确定为"友善"教育和中国文化价值观的教育，并结合网络、书本等搜索与本节重点有关的视频及文字资料。

此外，课程的价值导向反映了统治阶层或国家机器的意识形态、价值观念,通过甄别知识,使那些契合社会发展需求的理论、技能被纳入课本。课程内容的选择应体现国家意识与社会发展的特性。特别是在数字转型的背景下,外语混合式教学应在教材选择、资源甄选上体现国家意识、人类文明、价值观念、创新成果、知识积累,必须植根祖国大地,体现社会主义核心价值观。因此,在教材与混合式教学资源的选择上,教师应从以下几个方面出发:

首先,呈现中华传统文化。课程思政资源应实现对"价值指引""能力塑造""知识传授"的深度融合,注重育人功能的发挥。为此,资源选取应主动渗透中华传统文化、理想信念、人格品质、社会主义核心价值观、爱国主义情怀等内容。资源建设应坚持为国育人、为党育人、牢记立德树人使命等原则,提高混合式教学的价值引领效能,强化学生的集体荣誉感、社会责任感、民族共同体意识。

其次,提取思政元素。在外语混合式教学资源建设中,教师应充分发掘教学资源中的思政元素,重新架构外语课程的价值取向,塑造混合式教学的表现形式。其一,教师应发掘本单元所蕴含的思政元素,制定思政育人目标,通过解读思政元素,探索出合适的思政素材,筛选出能够激发学生爱国情怀与民族自豪感的育人内容。其二,构建思政资源库,在提高中华优秀传统文化比例的前提下,教师应通过深度解读、广泛延伸、丰富模块等方式,使每个单元都凸显一个思政主题,形成一个点线面结合的育人框架。①

2.课中教学实施

面授教学时,教师首先邀请几名学生分享在线学习成果,例如,在线资源里面涉及的代表人物、他们所经历的困难、他们的哪些品质让他们度过困

---

① 陈霞.课程思政视阈下外语混合式教学模式探究[J].吉林广播电视大学学报,2023(3):22-24.

难并取得成功。然后，教师集中解答学生在线学习过程中普遍遇到的问题，对部分学生出现的个别问题，教师再通过"一对一"方式进行解答。接着，讲解课文中的重难点。在讲解重难点词汇、句型、语篇分析时，教师可以利用思政素材，但不用强行加入，避免为了思政而思政。

重难点讲解完后，可以组织学生进行分组讨论，讨论中国历史上那些因拥有坚强意志而获得成功的名人，以及拥有哪些品质有助于成功。小组讨论之后，每组推选一名代表来呈现小组的观点，教师对学生发言进行提问和点评。在讨论环节，教师可以积极引导学生思考并对中外名人代表进行对比分析，归纳这些名人成功的异同，培养学生的逻辑性思维。

3. 课后作业布置

课程教学完成之后，教师布置课后作业。学生将完成的作业提交到在线平台，教师通过评阅学生的作业全面了解学生对教学内容的掌握情况并及时反馈给学生。此外，在单元内容学习完成之后，教师分享单元测试题目到在线平台，考查课文相关知识点和在线学习内容的掌握情况。教师完成评阅之后将测试情况反馈给学生，学生可以查看自己测试中出现的问题，查漏补缺。①

二、深度学习视阈下的高校外语混合式教学设计

（一）深度学习概述

深度学习是学习者主动学习，并且在理解学习内容的基础上进行记忆，能够批判性地学习新知识，并且连接新旧知识，将已有的知识迁移到新的情景中，从而做出决策和解决问题的学习模式。

---

① 左妮黎.高校大学英语课程思政混合式教学路径探索 [J]. 现代英语杂志，2022（8）：41-44.

1. 融合浅层学习与深度学习，创新教学设计理念

深度学习是一种积极主动的学习方式，体现探究学习、协作学习、终身学习等理念，注重感情投入、过程探究、批判理解、知识整合，重视知识的迁移和应用；与之相对应的是浅层学习，浅层学习是对知识的机械重复和记忆，是一种被动的学习方式。深度学习和浅层学习是连续的统一体，浅层学习是深度学习的出发点和基础，但是不能够仅仅停留在浅层学习，而应当进行深度学习，面向教学训练实践发展批判性思维，从根本上促进学生解决实际问题能力的生成。

2. 整合理论知识与应用实际，创新教学设计内容

各类应用场景的实际要求就是教学设计的目标导向，要将理论知识与实际应用充分融合，将学生原有知识和新知识互相整合，将专业课程的不同学科知识互相联结，才能够解决课堂知识与实际脱节的问题，做到理论与实际的"无缝对接"。创新教学设计内容，应当面向真实问题，使问题与实际应用相关联，但问题的解决方法不唯一，要激发学生创造性、多渠道解决问题的能力。设计教学内容应当关注解决问题的核心论点和概念，驱动学生主动学习，在活动和任务中有逻辑地解释、慎重地讨论和批判性地思考。

3. 混合传统课堂与网络环境，创新教学设计环境

要改变传统的"传递—接受"式的教学模式，创建支持深度学习的网络学习环境，支持学生从接受式的浅层学习向深度学习有效过渡。[①] 在教学情景上，结合传统课堂教学与网络教学环境的各自优势，既有课堂教学的亲临感和现场感，又有网络教学环境的灵活性、互动性，有效地展开混合式教学；在教学策略上，教师转变角色，从知识的传授者变为辅助者和引导者，实施主导策略、支架策略、建模策略、反思策略、元认知策略等，支持学生在不

---

① 龚玉清. 信息化教学设计的创新与实践研究 [J]. 现代信息科技，2019，3（14）：121–122.

同真实情景下的深度学习。例如，支架策略是教师为学生搭建发展的支撑平台，包括"搭脚手架"、进入情景、独立探索、协作学习、效果评价等过程。

（二）深度学习视阈下的高校外语混合式教学具体设计

1.进行前端分析

在进行教学设计之前，教师首先需要对学习者和教学内容进行前端分析。对学习者进行分析是指了解学生现有发展水平和可能达到的发展水平，全面了解学生的"最近发展区"，以便有针对性地进行教学设计。对教学内容进行前端分析是指对新知识进行分析。教师在选择教学内容时要分析新知识是否符合学生的认知水平，学生能否顺利接纳和掌握新知识，是否能够通过学习新知识提高自己的认知。另外，教师还要分析新知识在整个学科体系中所处的地位，以便能与之前所学知识和之后将要学习的知识系统地连贯起来。通过对学习者和教学内容的分析，教师根据学习者现有的认知水平和群体特点，选择难度适当的教学内容，通过教学活动在新旧知识之间建立联结，实现学习者认知结构的重构与完善。

2.确定教学目标

深度学习视阈下的混合式教学应从知识掌握、能力培养和情感升华三个维度设定教学目标。从知识掌握层面看，外语课程的教学目标是以课文文本为载体，帮助学生夯实语言基础，了解文化背景知识和提高学生运用外语进行交际的能力；从能力培养层面看，外语课程的教学目标是提高学生的高阶思维能力，通过课文学习提高学生对文本进行分析、判断和评价的能力，运用所学知识创造性地解决实际问题的能力；从情感升华层面看，外语课程所选课文主题丰富多样，便于教师以课文为文本进行课程思政，引导学生树立正确的人生观和价值观；另外，教师应对文本进行延伸，引导学生用外语讲好中国故事、传播好中国声音，帮助学生树立民族自豪感和自信心。

3. 设计教学活动

深度学习视阈下的混合式教学以学习者知识结构的重构、高阶思维的发展和知识能力的迁移为导向，分课前、课中和课后三个阶段进行。课前，教师布置线上自主学习任务。教师对学生的线上学习情况进行指导和反馈，将线上学习和线下教学有机结合，克服当前混合式教学存在的表层化、形式化等弊端，真正帮助学生在新旧知识之间建立联结。课中，根据学生线上学习的情况，通过课堂讨论、小组展示、重难点讲解内化所学知识，完善知识结构体系。学生只有深度地学习线上学习内容才能完成线下教学中的课堂讨论、小组展示等活动，这是碎片化学习无法达成的。另外，教师需根据学生线上学习的情况组织线下教学活动，线下教学是线上教学的延伸，两者是有机统一的，不是简单的教学形式的叠加。课后学习是课前和课中学习的升华。教师通过布置基于真实问题情景的创新性和实践性作业，帮助学生实现知识的迁移和应用，进一步巩固、延伸和深化所学知识，实现真正的深度学习。

4. 实施教学评价

深度学习视阈下的混合式教学评价是对学生在整个学习过程中深度学习情况的总体评价，包括对课前自主学习的评价、课中课堂讨论和展示的评价以及课后完成拓展性实践任务的评价。除教师评价外，还应注重学习者自评和同伴互评。教师设计学习者自我评价量表，让学生对自身学习情况进行记录和反思，学习者还需要对同伴的学习表现进行评价。无论是学习者自评还是同伴互评，都有利于提高学生的批判性思维能力，对自身知识体系进行反思，在自评和互评中完善认知结构。教师要充分利用混合式教学的优势，利用学习平台对学习者的学习情况进行持续的跟踪，结合平台数据和线下课堂表现情况，从知识掌握、能力培养和情感升华三个维度对学习者的学习情况进行评价，为每位学生建立教学评价"档案袋"，实施过程性评价。

第四节　高校外语混合式教学创新之网络直播教学

一、网络直播教学的界定

所谓网络直播教学是利用网络直播平台实施的线上教学模式，网络覆盖率的不断扩大，为直播进入社会各领域奠定了坚实基础。现如今网络技术不断发展，涌现出大量网络直播平台，随之直播也渐渐进入教育领域，塑造了诸多网红教师。近几年，网络直播教学成为新型线上教学模式，被更多教育工作者所运用。网络直播的诞生得益于我国娱乐产业的繁荣发展，其具备不受时空限制、社交化与内容丰富多样的优势特征，可最大限度地弥补教学视频录播欠缺互动交流的弊端。

与在线网络课程相比，网络直播教学有着互动性与临场感强的特征，在直播文化繁荣发展的今天，网络直播教学对青年大学生群体的吸引力更大。诚然以网络直播为依托的教学模式相对新颖、灵活，需要教育工作者借助直播平台的语音或者视频功能，直接在线上面向所有受教者现场组织教学，这对于教育工作者的课堂掌控力提出了较高的要求。

二、高校外语网络直播教学模式的构建

（一）线上在线直播教学环节

首先，教师要以学生的需求为目标，根据大学外语的课程标准，合理设计教学流程，编写教学计划。其次，在教学直播平台上发布课程预告，上传课程预习资料至资源共享区，提醒学生自行下载，做好课前预习，引导大家学习。上课前，学生自行进行课前签到，教师在后台统计学生出勤情况。在

大学外语课程在线直播教学中，教师围绕重难点知识进行授课并加以详解，学生进行外语展示交流；教师发布课堂练习题，开展课堂讨论互动；学生有困惑的地方可以随时在讨论区通过文字输入提出，教师看到学生的反馈后，可以直接进行交流、解答，教师也可以开启学生语音功能，学生上麦发言。在线直播课结束之后，教师布置作业，分享学习资料，学生存在疑惑或因特殊情况未参与直播学习的，可利用课余时间点播回放直播课程。此外，平台开设直播答疑教室，方便师生课下互动，也便于教师了解和掌握学生知识水平，根据"反馈原理"，结合在线直播教学及时调整教学内容。

（二）线下现场课堂教学环节

学习是基于原有知识经验的构建，线下现场课堂的教学内容与线上直播课堂的教学内容要具备关联性，线下现场课堂教学的主要目的是为学习者建立知识基础，以便在直播教学中与这些知识之间建立联系，更好地理解和接受知识，使学习者的学习圈更为有效地运作。教师以课程单元为一个整体，展开主题性知识的概述，邀请名师和外教进行授课，提高学生学习兴趣。在能力提升方面，教师进行听、说、读、写四个方面的示范、讲解，让学生组建学习小组开展练习，教师在现场及时纠偏，发现学生深层思维误区。教师还可以采用话题展示的教学形式，提供与大学外语相关的话题，组织学生开展团队学习，围绕话题进行讨论，以话题为出发点，打破孤立的知识体系，引导学生积极探索知识之间的联系，深度思考，活化知识，以此提高学生交锋辩论能力，在运用知识过程中学习知识，在实践中顿悟与修炼，努力实现自我提升，实现体验中学习，达到知行合一。同时，也能增强学生与教师、学生与学生之间的交流互动，营造宽松活跃的课堂气氛。

（三）综合教学评价环节

混合式教学的教学评价要求关注学习者的成长，实行定量评价与定性评价相结合的评价体系。基于在线直播课的大学外语"线上线下"混合式教学尝试从多维度观察学习者在教学中的表现，采用发展性教学评价，而不只是单纯关注考试分数。按照线上在线直播教学、线下现场课堂教学各占50%的比例，覆盖学生的全面表现，设计多维度评价体系，全面考查学生外语综合应用能力。线上在线直播教学评价由以下四个部分构成：课堂出勤率（5%）、在线学习（25%）、在线讨论（10%）、课堂任务（10%）。教师在直播平台上发布活动与资源时，设计经验分值，学生完成相应的活动或者下载查阅学习资源就可取得经验值，这样能够调动学生自主学习的积极性。线下现场课堂教学评价由以下四个部分构成：课堂出勤率（5%）、期末考试（25%）、课堂活动展示与评价（10%）、平时作业与测试（10%）。其中，主题讨论、话题展示环节，注重师生与生生间的评价，以促进师生自我反思。另外，根据学生在课堂中展现出的协作能力与解决实际问题的能力，建立"课堂表现"加分制度，灵活开展教学评价。

三、高校外语网络直播教学模式实施策略

（一）营造良好的教育氛围

在网络直播教学环境下，教师可借助网络直播为学生营造良好教育氛围，并以此为依托有效延伸和补充传统教学内容，使学生在新颖且具备趣味性的教学模式下切实理解外语课程知识。网络直播所具备的明显特点是开放性、灵活性与自主性，借助网络直播实施外语教学，可使学生随时随地通过手机、平板电脑学习，进而充分满足当代大学生群体的差异化发展需要，切

实开创外语网络教学新模式。在高校外语教学中引进网络直播，可有效落实多人互动交流，教师在实际教学中可以此为依托引导学生展开课后练习和巩固，同时根据学生实际学习现状实施个性化引导和教育，从而切实为学生外语能力提升及发展供给优质环境。除此之外，网络直播教学还可有效延伸教师的贡献，使偏远山区学生亦可实现与教师的交流互动。

（二）保持教学方式立体化

传统课堂教学以教师为主体，学生在课堂学习中被动地接受知识，而基于网络直播课的"线上＋线下"教学模式，强调学生的自主性，核心在于学生的"学"而不是教师的"教"，所有教学活动都围绕学生的"学"开展，学生是教学的主体，反映了以学生为中心的价值取向。相比于以往"灌输式"的高校外语教学课程模式，网络直播课的教学知识点辐射的范围广，其设计充分考虑学生的个体差异性。学生能自行调节学习进度，对于尚未完全掌握的知识可以回放，这种方式能有效缓解高校外语教学中学生水平差异问题。此外，"线上＋线下"教学模式能提供多样化的学习方式，设计丰富多样的学习材料供学生选择，学生可以自由选择学习环境和学习内容，灵活安排学习时间。

（三）整合资源，选择恰当的教学内容

网络直播教学环境下的教学内容应跳脱出教材文本，这不但需要学校外语教师选择教学内容，实施教育资源建设，还需要出版社和教育机构顺应当下形势编制外语教材。学生学习外语知识，应充分关注目的语国家的传统文化、民间文化，以及目的语国家当前发展形势。例如，在外语写作过程中，教师可引导学生课前检索信息，这不仅可以锻炼大学生的信息检索能力，提

高其外语阅读水平，而且教师还可通过推送关于作文主题的短视频，从而锻炼学生的外语听力。在写作开始前，教师可组织学生以小组形式按照写作主题在网络中进行头脑风暴，以问题探讨为基准制作思维导图，并按照大纲完成写作。外语写作完成后，应由学生先行开展自我评价，并在修改后发送给小组成员获取同伴反馈，随后利用批改网获取网络反馈，上述步骤完成后交由教师进行综合反馈。在网络教学过程中，教师以学生写作状况为基准，进行优秀作品展示，以供学生相互学习和探讨。在此过程中，教师应针对学生写作存在的共性问题进行指导，并认真聆听学生存在的疑惑，在课下环节为学生提供拓展资料。

（四）模拟真实课堂教学情景

网络直播课其实是把传统的课堂在网络空间上呈现，高校外语教师选择的在线教学直播平台都具备举手、笔记、点赞、私信聊天、发布文字、图片、视频等功能。其中，"举手"这一功能和现实课堂的举手发言是一致的，在网络直播课上学生在平台上举手提问，教师可及时答疑解惑，学生能获得实时反馈，形成互动课堂。体验学习是以体验或经验为基础的持续过程，教师不只是灌输新的思想，还要处理、修正学习者原有的经验。在网络直播课上，高校外语教师不是简单地向学生灌输知识，解答错题，而是借助多媒体手段，模拟真实的课堂教学，使抽象的知识具象化，引导学生理解并吸收知识，组织学生成立学习互帮小组，学习者之间可以在不同空间对话，一起学习外语。即便是把传统课堂迁移到虚拟空间，学生仍然可以看到教师的授课内容、开课时间等信息，整个教学过程是透明化的，更易被接受。

（五）组建教学团队

教学改革光靠教师个人力量是难以推动的，组建教学团队是推进大学外语在线直播课的重要保障。一是联合外语专业教师，整合教师相关教学资源，发挥在线直播教学的优势；二是组建教师技术团队，提供技术保障，管理教学直播平台；三是组织学生教学助理团队，辅助教师开展教学。

参考文献

［1］巴晓岩.高校通识选修课如何实现价值定位 [J].现代交际，2019（24）：116–117.

［2］曹树谦.关于高校课程思政的省思：内涵、特征与实践 [J].天津大学学报（社会科学版），2023，25（3）：202–206.

［3］曹文娟.基于分级教学的大学英语课堂优化研究 [M].南京：江苏凤凰美术出版社，2019.

［4］曾丽华.云技术和智能听说训练对高效外语教学的探究 [J].科教导刊（电子版），2019（17）：215.

［5］陈霞.课程思政视阈下外语混合式教学模式探究 [J].吉林广播电视大学学报，2023（3）：22–24.

［6］陈晓霞.大数据时代背景下的外语教育研究 [M].北京：北京工业大学出版社，2021.

［7］戴静.基于混合式教学模式的高校外语教学改革研究 [J].学周刊，2024（4）：17–20.

［8］邓金娥，吴菲，熊华霞.高校商务英语信息化教学改革研究 [M].延吉：延边大学出版社，2019.

［9］邓天卫，张飙.互联网＋环境下的大学英语慕课教学模式 [J].科教导刊（电子版），2021（1）：225–226.

［10］杜明义，余忠淑．高校课程思政的基本内涵、价值意蕴与实施路径[J].广东技术师范大学学报，2021，42（4）：99–104+112.

［11］符巧静．高校外语教育改革的路径探析[J].文艺生活·文海艺苑，2020（24）：215.

［12］葛军．信息技术条件下外语教学中的变与不变[J].高等教育研究学报，2018，41（4）：99–105.

［13］龚玉清．信息化教学设计的创新与实践研究[J].现代信息科技，2019，3（14）：121–122.

［14］胡宝菊．新时期高校英语口语教学研究[M].长春：吉林出版集团股份有限公司，2021.

［15］黄敏．大数据在外语教学中的价值、来源与技术分析[J].外国语文，2021，37（3）：131–137.

［16］金亚芝．慕课（MOOC）时代高职英语课堂教学模式探索[J].文教资料，2021（21）：228–229.

［17］李丽娟，任春．多模态话语理论下多媒体技术在外语教学中的理性运用[J].经济师，2022（8）：203–204.

［18］李利芳，郭小华．信息时代高校外语教学理论与实践创新[M].北京：北京工业大学出版社，2020.

［19］李梦．信息技术与外语教学融合中的盲点与误区[J].佳木斯职业学院学报，2022，38（10）：85–87.

［20］李培东．外语教学原理与实践研究：共时视角[M].银川：宁夏人民出版社，2019.

［21］李培云．"互联网＋"时代信息技术与高校外语教学融合发展创新研究[J].校园英语，2021（35）：17–18.

［22］李亭亭.英语翻转课堂教师多模态话语分析 [J].开封文化艺术职业学院学报，2020，40（1）：115-116.

［23］林艳玉.借助信息技术营造沉浸式英语学习环境 [J].小学科学，2023（3）：88-90.

［24］刘东英.大学英语慕课教学模式同质化的表征、归因与对策 [J].林区教学，2023（2）：91-94.

［25］刘季陶.数字化背景下信息技术和大学外语教学的深度融合 [J].电子元器件与信息技术，2023，7（3）：243-246.

［26］刘坤.高校教师素养研究 [J].长春师范大学学报，2019，38（1）：142-145.

［27］刘玮.课程思政：让教育回归本质 [J].当代教育理论与实践，2023，15（1）：21-26.

［28］陆放."互联网+"数字化教学平台的设计与实现 [J].中文信息，2022（3）：194-196.

［29］罗庆丽.情景式教学在高校英语教学中的应用探讨 [J].产业与科技论坛，2021，20（14）：126-127.

［30］漆格.学会在线教学 [M].广州：广东教育出版社，2020.

［31］曲兰兰.新时代下的高校外语教学革新 [J].智库时代，2021（40）：131-133.

［32］石青环，汪静静.内容依托式教学在大学外语教学中的应用 [J].科教导刊，2020（28）：132-133.

［33］宋皓然.基于慕课的大学英语听说课程混合式教学设计和实践 [J].现代英语杂志，2022（9）：9-12.

［34］宋虹.信息技术与课程整合 [J].黑河教育，2018（11）：83-84.

［35］唐德海，李枭鹰，郭新伟．"课程思政"三问：本质、界域和实践 [J].现代教育管理，2020（10）：52-58.

［36］唐俊红．互联网＋英语教学 [M].北京：新华出版社，2018.

［37］田雪飞．慕课时代大学英语教学的机遇与挑战 [J].长江丛刊，2020（7）：106+162.

［38］王丹丹．慕课时代的大学外语教学：优势与挑战 [J].武夷学院学报，2019，38（7）：94-98.

［39］王凡．浅谈高校混合式教学的策略 [J].山西青年，2022（1）：147-149.

［40］王锐．高职英语慕课建设策略研究 [J].中小学电教，2020（22）：24-25.

［41］王英慧．基于大数据技术的高校英语多模态教学策略探究 [J].广西广播电视大学学报，2022，33（6）：71-75.

［42］温可佳．浅析外语慕课设计与实践研究 [J].教育现代化，2020，7（12）：122-124.

［43］吴阿娥．高校多媒体语音室的管理与利用 [J].电脑与信息技术，2022，30（5）：28-31.

［44］吴奕，吴亮．基于云平台的教学系统设计与实现 [J].教育现代化，2021，8（42）：106-108.

［45］吴遵民．开放大学评价"五问"[J].教育科学文摘，2023（1）：39-40.

［46］徐艳艳，刘春富．新时代人工智能背景下外语学科全过程教学体系探索与实践 [J].黑龙江工业学院学报（综合版），2023，23（5）：46-51.

［47］许芳芳，余萍．基于慕课的高职英语教学模式研究 [J].科学咨询，

2020（47）：61–62.

　　[48] 许佳 . 基于"5G+ 人工智能技术"的大学英语教学改革探索 [J]. 产业与科技论坛，2023，22（8）：169–170.

　　[49] 许楠，王中意 . 新时代外语翻转课堂教学改革研究 [J]. 科学咨询，2023（3）：130–132.

　　[50] 许永娜 . 创新教育理念的内涵及在高校外语教学的应用 [J]. 赤峰学院学报（自然科学版），2020，36（7）：109–111.

　　[51] 薛峰 . 浅析信息技术与课程整合的基本问题 [J]. 新教育时代电子杂志（教师版），2022（3）：187–189.

　　[52] 闫静，韩伟业 . 探究慕课时代俄语专业教学面临的新挑战及应对策略 [J]. 创新创业理论研究与实践，2022，5（1）：86–88.

　　[53] 杨欣瑶，杜薇 ."大思政"格局下大学外语混合式教学的思考 [J]. 沈阳工程学院学报（社会科学版），2023，19（2）：106–111.

　　[54] 叶丹 . 高等教育教学模式中"以人为本"理念的融入 [J]. 大学，2023（7）：85–88.

　　[55] 张慧敏 . 如何布置高效的英语课后作业 [J]. 江西教育，2023（27）：22–23.

　　[56] 张群慧 . 互联网 + 时代太极环模型翻转课堂的微课资源开发 [J]. 当代教育实践与教学研究（电子刊），2020（22）：287–288.

　　[57] 张秀晖，徐茜，陈银英 . 微课在现代化课堂教学中的有效应用 [M]. 长春：吉林人民出版社，2020.

　　[58] 张云 . 基于多元智能理论的大学英语创新教学探索 [J]. 现代英语，2023（5）：18–21.

　　[59] 张兆敏 . 基于智慧学习平台的外语混合式教学模式研究 [J]. 产业与

科技论坛，2022，21（17）：163-165.

［60］赵呈领."互联网+"时代的教育变革[J].中国德育，2018（19）：48-52.

［61］赵春荣.多模态视域下翻转课堂教学模式的构建[J].开放学习研究，2021，26（5）：27-34+52.

［62］赵丽丽.基于慕课教学资源在英语语法教学中的分析[J].北方文学，2019（17）：161+163.

［63］祝智庭，胡姣.教育数字化转型的本质探析与研究展望[J].中国电化教育，2022（4）：1-8+25.

［64］左妮黎.高校大学英语课程思政混合式教学路径探索[J].现代英语杂志，2022（8）：41-44.